読める 書ける 使える

図説 神代文字入門

原田 実 著

ビイング・ネット・プレス

図説神代文字入門　目次

神代文字とは何か

手元にある『広辞苑』（第四版）で「神代文字」を引いてみると、「神代」の項、「――文字」として次のように記されている。

「わが国固有の、神代から伝えられたという文字。実は、亀卜《きぼく》の灼《しゃく》兆《ちょう》や朝鮮の諺文《おんもん》に擬した偽作。日《ひ》文《ふみ》・天《あ》名《な》地《い》鎮《ち》・阿《あ》比《ひ》留《る》文字などの種類がある。江戸時代、その存否について平《ひら》田《た》篤《あつ》胤《たね》の『神字日《かんなひ》文《ふみの》伝《つたえ》』（存在説）、伴信友の『仮名本末』（否定説）などの論争があった。神字」

以上の文で、「実は――」以降は定義というよりも解説である（このなかには間違いといっていい箇所があるが、それは後にあらためて指摘することにしよう）。「神代」とは記紀（『古事記』『日本書紀』）で神武天皇の時代とされている時代より前と想定される時代のことである。

「神代から伝えられていた文字」というのは神代文字という語の言い換えだから、この定義において特につけくわえられている箇所は「わが国固有の」ということになる。

つまり、たとえば縄文時代の日本列島で文字が使われていたとしても、それが漢字やその他、海外の文字と同系であったならば、それは「神代文字」とはいえない、ということだ。これは、「神代文字」なる概念が、もともとナショナリズムに基づいて想定されたものだからである。つまり、日本は古くてエラい国だから、他の国と同じ文字を本から使っていたはずはない、というわけだ。実際、昭和初期の神代文字研究家・宮崎小八郎は、神代文字とされるもののなかに中国雲南のミャオ族の文字が含まれているという歴史学者の意見に対し、「我が固有の文化を抹殺して了《しま》ふやうな説」として、厳しく批判している。

ナショナリズムと密接に結びついた出自ゆえに、神代文字にはどうしてもうさんくささがつきまとう。アカデミズムの世界では、神代文字といえば、江戸時代以降の偽作とかたづけるだけで、それ以上、特に論じるべきことはないような扱いを受けている。

しかし、私は神代文字について、少なくとも三つの側面から、検討する必要はあると考えるものだ。

（1）　現在までに神代文字として報告されているもののなかに本物の古代文字、あるいは上代に実用化されていた文字が含まれている可能性はないか。この問題はナショナリズムと切り離して考察する必要がある。たとえば、先述のミャオ文字説について、古代日本に雲南の文字が伝わっていた可能性があるなら、それは重要な問題たりうるのではないか。

（2）　江戸時代以降には、神代文字は神社の印鑑やお札、碑文、神道関係の文書の表記などに実用されている。文字そのものが偽作だとしても、いや、偽作とすればなおさら、その文字を用いていた人々はどのような宗教的、思想的立場からその文字を選び取っていたのか、これは思想史上の問題たりうるものである。

（3）現在までに報告されている神代文字がいずれも偽作だとしても、それと別に古代日本において未解明の文字体系が用いられていた可能性はないか。

この三点を踏まえつつ、本書では、神代文字とその周辺の問題を解説していきたい。

また、神代文字には、そうした歴史的観点と別の立場から見直されるべき魅力がある。それは神代文字のデザインそのものである。神代文字は私たちが日常生活の中で用いている文字ではない。だからこそ、そこには非日常的な感覚を呼び起こすものがある。いうなればそれは異世界の文字なのだ。実際、コミックやゲーム、ファンタジー映画などで異世界の存在であることを示すギミックとして神代文字を用いた例がある。今後はファッションやテーマパーク施設などに応用できるかもしれない。本書がその可能性を切り開く役に立てれば、著者としてうれしく思う次第である。

神代文字カタログ

日文真字《ひふみまな》【アヒル文字】

◎天児屋根命から伝わった文字

国学者・平田篤胤《ひらたあつたね》（一七七六〜一八四三）が著書『神字日文伝《かんなひふみのつたえ》』上巻（文政二年＝一八一九）において真正の神代文字として取り上げて以来、有名となった文字。『神字日文伝』は神代文字について、複数の具体的な実例を挙げて論じた史上最初の書物であり、後世に与えた影響は大きい。

平田はこの文字について複数のテキストを入手したが、それはいずれも下総《しもうさ》国（現在の千葉県・茨城県・埼玉県・東京都にまたがる地域の旧国名）の人・大中臣正幸《おおなかとみまさゆき》が源《みなもとの》八重平《やえひら》に伝え、八重平がさらに会津の神道家・大竹喜三郎政文《まさふみ》に伝えた文字をさらに書写したものであった。それらのテキストの奥書によると、日文《ひふみ》四十七音は天児屋根命《あめのこやねのみこと》（中臣氏の祖神）から対馬《つしま》の卜部《うらべ》（占いを職掌とする氏族）・阿比留《あひる》家に伝えられたものであり、また一説に日神（天照大神《あまてらすおおみかみ》）が思兼命《おもいかねのみこと》に命じて作

図1

日文真字四十七音字

図2

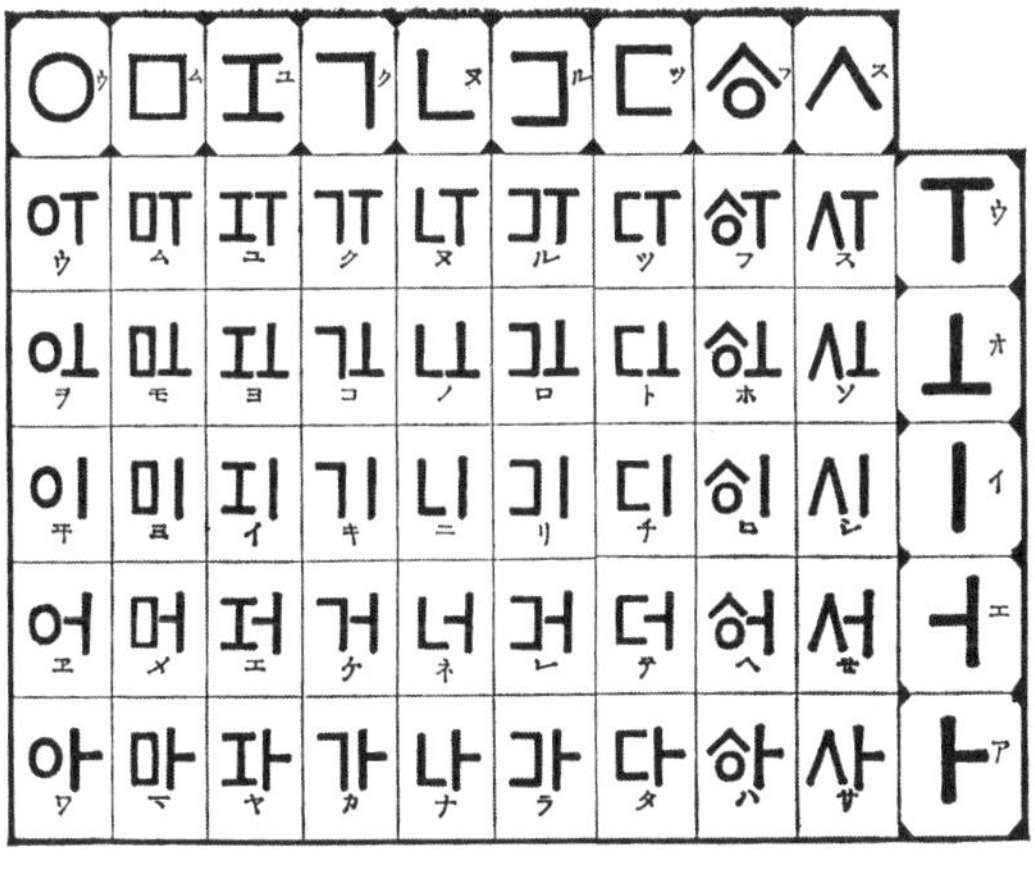

日文真字五十音字

らせた文字だという。

日本神話によれば、思兼命は天照大神の天岩屋戸《あまのいわやど》隠れの時、天照大神を岩屋戸から出すために方策を練った神であり、天児屋根命は太占《ふとまに》をたてて儀式を執り行った神である（拙著『古事記・異端の神々』参照）。この文字の由来譚はその神話と密接に結びつけて考えられたものといえよう。

また、平田の門下・佐藤信淵《しんえん》（一七六九〜一八五〇）が見つけてきたテキストによると、この日文は「肥人書《ひひとのふみ》」とも呼ばれていたという（ただし平田はこの文字ではなく、次項に掲げる日文草書こそ肥人書だと考えていた）。

◎ハングルとの類似

しかし、この文字は韓国のハングルとそっくり、というより日本語の音韻に合わせて整理されたハングルそのものといってよいシロモノである。アカデミズムの世界には、神代文字といえば、すべてハングルをタネにした江戸時代の偽作だとする風潮があるが、そのイメージを作ったのもまさにこの日文真字にほかならない。

ハングルは朝鮮李朝第四代・世宗王《セジョン》（在位一四一八〜一四五〇）が、国家事業として作成し、一四四六年に頒布した文字である。朝鮮では、支配階級は漢文を読み書きできるのが当たり前とされている一方で、自国語を表記するための独自の文字を長らく作ろうとはしなかった。世宗は朝鮮語の実際の音韻を反映することで民衆にも覚えやすい文字を作り、その統治をより円滑にしようと志した。当時の学者たちのなかには崔万理らのように「独自の文字を作るのは日本やモンゴル、チベットなどのような野蛮人のすることだ」という内容の上奏文を書いて反対する者もいたが、世宗はそれを押し切ったわけである。

　世宗はハングルに対し「訓民正音」の名を与えていた。しかし、支配階級の人々はそれを諺語《おんご》（朝鮮人が中国至上主義の立場から自国語を蔑んだ語）を書く

図3

	ㅏ[ア]	ㅑ[ヤ]	ㅓ[オ]	ㅕ[ヨ]	ㅗ[オ]	ㅛ[ヨ]	ㅜ[ウ]	ㅠ[ユ]	ㅡ[ウ]	ㅣ[イ]
ㄱ[k,g]	가	갸	거	겨	고	교	구	규	그	기
ㄴ[n]	나	냐	너	녀	노	뇨	누	뉴	느	니
ㄷ[t,d]	다	댜	더	뎌	도	됴	두	듀	드	디
ㄹ[r,l]	라	랴	러	려	로	료	루	류	르	리
ㅁ[m]	마	먀	머	며	모	묘	무	뮤	므	미
ㅂ[b,p]	바	뱌	버	벼	보	뵤	부	뷰	브	비
ㅅ[s]	사	샤	서	셔	소	쇼	수	슈	스	시
ㅇ[なし]	아	야	어	여	오	요	우	유	으	이
ㅈ[th,dh]	자	쟈	저	져	조	죠	주	쥬	즈	지
ㅊ[tsh]	차	챠	처	쳐	초	쵸	추	츄	츠	치
ㅋ[kh]	카	캬	커	켜	코	쿄	쿠	큐	크	키
ㅌ[th]	타	탸	터	텨	토	툐	투	튜	트	티
ㅍ[ph]	파	퍄	퍼	펴	포	표	푸	퓨	프	피
ㅎ[h]	하	햐	허	혀	호	효	후	휴	흐	히

ハングル反切表

ための「諺文《おんもん》」にすぎないとして、公文書や学問的な著作に用いることはなかった。

現在、ハングルが韓国・北朝鮮で広く使われているのは日本の朝鮮領有時代（一九一〇〜一九四五）、日本の総督府が朝鮮における「諺文」教育と公用化を推し進めたためである。ちなみにハングルの呼称は二〇世紀に広まったもので「偉大な文字」もしくは「一つの文字」という意味の語である。

このような歴史的経緯からいって、ハングルとほぼ同じ文字である日文真字が一四四六年より前に存在したということはありえない。古代朝鮮にハングルの原型となる独自の文字があった、と主張する論者もあるが、そのような事実があるなら、崔万理ら反対派の上奏文にかつて独自の文字を廃棄した前例がある、と述べられていたことだろう。

平田は、日文には草書体があるが、「諺文」には草書はない、といって日文真字がハングルであることを否定する。そして、両者の類似はハングルの方が日文真字から作られた結果にほかならないと強弁している。

◎対馬は日本と朝鮮の交易の要

さて、日文真字がもともと伝わっていたとされる対馬の地は、日本と朝鮮との接点ともいうべき場所である。現在でも対馬の海岸に漂着するゴミにはハングルの書かれたものが目立つ。鹿児島大学水産学部の藤枝繁助教授が二〇〇二年一二月に行った調査によれば、対馬の浜辺で回収されたライター二六七本のうち、日本国内から流れ着いたものが四・九％だったのに対し、韓国からのものは二二・一％もあったという（ちなみに中国・台湾からのものは四〇・四％）。

江戸時代の対馬藩はその地の利を生かし、日本と朝鮮との交易の場として収益を上げていた。朝鮮李朝は一六〇七年から一八一一年までの間、一二回に渡って江戸幕府に使者を遣わしている。これがいわゆる朝鮮通信使である。その当初の目的は豊臣秀吉の二度にわたる朝鮮半島侵攻で日本側に拉致された人々の返還を求めるというものであったが、やがては隣国として友好関係の確認を求めるというものになっていった。朝鮮通信使派遣にあたって、李朝と幕府の連絡を仲立ちし、そのお膳立てを行っていたのが対馬藩主の宗《そう》家である。対馬藩は李朝と幕府の友好を保つため、国書交換の際に双方の面子《めんつ》のうえで問題がある箇所を書き改めることさえ行っている。寛永一三年（一六三六）にはその国書改竄が発覚、関係者の多くが流刑や死罪に処されたが、時の将軍・家光は対馬藩の外交手腕に免じて、あえて藩主（宗義成）の責任を問わなかった。

朝鮮通信使に選ばれた人物は、もちろん漢文を身につけた知識層である。日本側で接待にあたる武士や僧侶、儒者は彼らとは筆談で用を果たすことができたが、それでも礼儀上、朝鮮語の知識は不可欠と認めていた。日本側の外交関係者はハングルを仮名文字に置き換えることで、朝鮮語の習得を行っていった。対馬藩に仕えた儒者・雨森芳洲《あめのもりほうしゅう》（一六六八〜一七五五）が編纂した朝鮮語入門書『交隣須知《こうりんすち》』や、彼が編纂に協力した朝鮮語—日本語辞典『倭語類解《わごるいかい》』はその代表的な成果である。

また、朝鮮通信使が江戸までの旅路で滞在する宿には文人墨客が集まり、隣国についての話を聞いたり、学問上の議論をかわしたりすることもしばしばであった。

尾張《おわり》国に住んだ真言律宗の僧・諦忍《たいにん》（一七〇五〜一七八六）は著書『神国神字弁論《しんこくしんじべんろん》』（安永五年＝一七七六）で、ハングルで書かれた「いろは歌」を提示しているが、これはおそらく名古屋で朝鮮通信使に接した文人から入手したものであろう。本土側の通過地の人々でさえ朝鮮通信使からハングルについての知識を得る機会があったなら、対馬の人がよりいっそうその機会に恵まれていたと認めるべきだろう。

このような地理的・歴史的環境を思えば、江戸時代の対馬にハングルを伝える家があったとしても不思議ではない。

平田は、何者かがハングルを神代文字と偽って、もしくはハングルを日本の神代文字と誤認して記した五十音図を入手したものと思われる。

◎酒井勝軍の「天日流」説

なお、神代文字研究者の間でしばしばアヒル（阿比留）文字と呼ばれるのはこの日文真字のことである。『竹内文書』研究者で、広島県に世界最古のピラミッドがあると主張したことで知られる酒井勝軍《かつとき》は、「アヒル文字」とは天日流《あひる》、つまり太陽の光を象《かたど》った文字の意味であるとする。すなわち、酒井によれば、この文字が阿比留家に伝わったからアヒル文字と呼ばれるのではなく、逆にアヒル文字を伝えた家だから、阿比留姓を称したというのだが、これはこじつけにすぎない。

また、「阿比留文字」と「日文」真字とは同じものなのだから、この両者をあたかも別の文字であるかのように記す『広辞苑』の説明は不正確ということになる。

日文草書《ひふみそうしょ》【アヒルクサ文字】

◎アヒル文字の草書体とされる

平田篤胤《ひらたあつたね》が『神字日文伝《かんなひふみのつたえ》』上巻・下巻でとりあげた文字。日文真字《ひふみまな》と同じく対馬の卜部《うらべ》・阿比留《あひる》家に伝わっていたものとされ、平田はこれを日文真字の草書体とみなした。現代の神代文字研究者の間では、この文字はアヒル文字の「草書」ということでアヒルクサ文字と通称されている。なお、佐藤信淵が平田に提供した写本では、この文字について「薩人書《さつひとのふみ》」と記すものがあったという。しかし、平田はその説をとらず、この文字を「肥人書《ひひとのふみ》」とみなしている。平田は、古典にいう「薩人書」というのは薩摩人が日文で記した書のこととみなし、それが真字であるか草書であるかまでは特定していない。なお、肥人書・薩人書という語はほかの神代文字とも関連してくるため、後であらためて解説することにしたい。

この文字は平田が注目する以前から神道界で重視されていたものらしく、平田は阿比留家所伝とされるもののほかに一一点ものサンプルを入手、『神字日文伝』下巻に収録した。

1　出雲国大社（出雲大社。現島根県出雲市大社町）所伝。

2　和州法隆寺（現奈良県斑鳩町）書庫所蔵、聖徳太子の書写。筑紫筥崎宮（筥崎八幡宮、現福岡県福岡市箱崎）に原本ありともいう。

3　四娟堂（不詳）所蔵。

4　神祇伯王家（伯家神道の家元、白川家）伝。

5　周防国玖珂郡柱野浦・賀茂大明神社（現山口県柳井市伊保庄・賀茂神社もしくは同県岩国市・岩隈八幡宮）神

図4

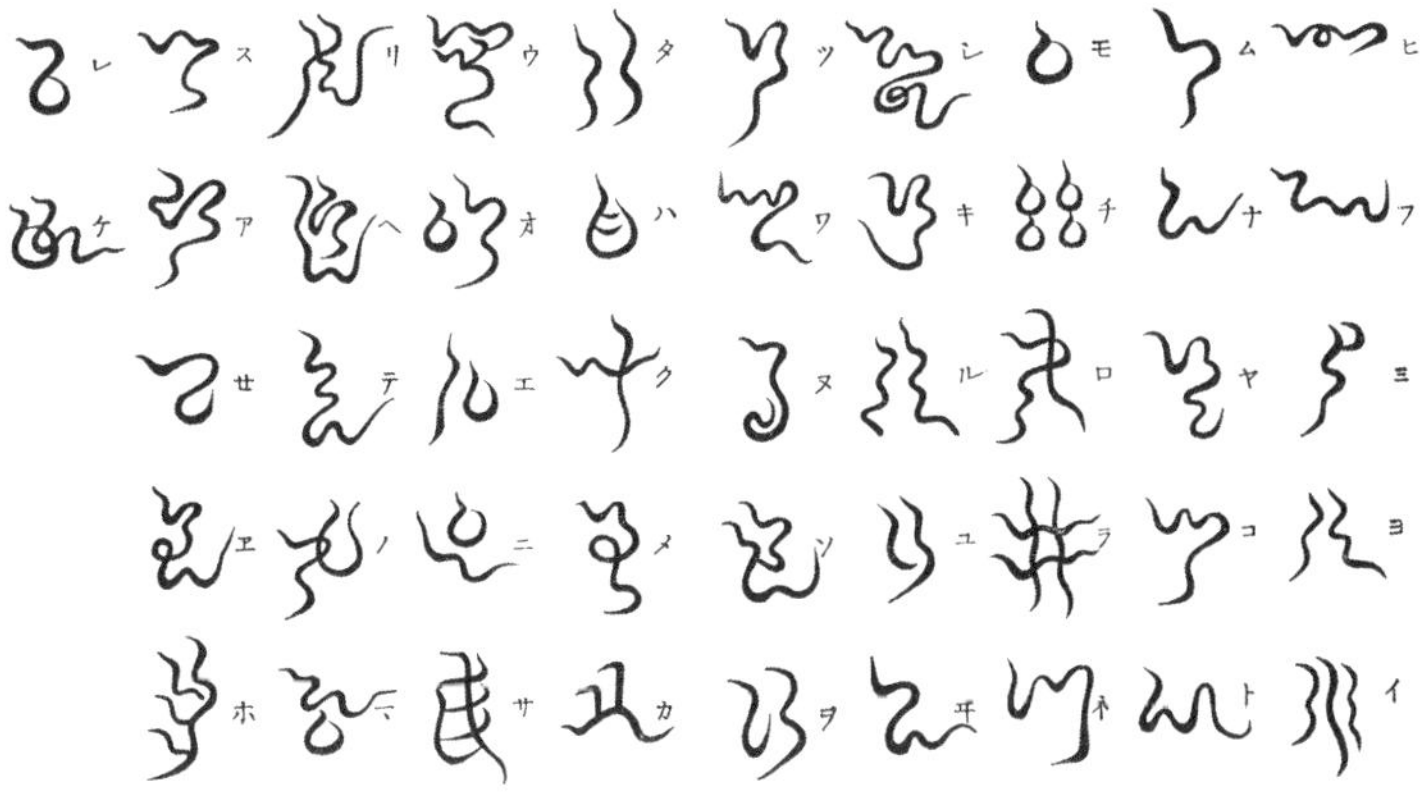

日文草書（アヒルクサ文字）

主、桑原播磨守藤原為重伝。
6　綿向神社（馬見岡綿向神社。現滋賀県日野町）神主・紀某伝。
7　大和国三輪大神（大神神社。現奈良県桜井市）神庫蔵。
8　吉田祠官・卜部家伝授。阿波国名方郡大宮神社（現徳島県佐那河内村）所伝。
9　鶴岡八幡宮（現神奈川県鎌倉市）神庫蔵。
10　鹿島神宮（現茨城県鹿嶋市）所蔵。
11　伊夜比古神社（弥彦神社。現新潟県弥彦村）所蔵。聖徳太子の書という。

◎なぜ日本各地から発見されるのか

このうち、9について平田は、諦忍《たいにん》が『神国神字弁論』にとりあげたのと同じものだ、と指摘している。諦忍はこの文字について、鎌倉鶴岡八幡宮神庫と河内国枚《ひら》岡社《おかのみや》・泡輪社《あわのみや》に記録が伝わっているとする（ただし枚岡社・泡輪社という神社は実在しない。この両社の本来の出典は江戸時代前期の偽書『先代旧事本紀大成経《せんだいくじほんぎたいせいきょう》』）。

また、諦忍は、この文字について、本来は名山霊窟に秘本として伝わるものであり、それを見るときには香を焚いて拝覧しなければならない、としてその宗教的意義を強調する。つまり、めったにみられないありがたい文字だ、といいはっているわけだ。

『神国神字弁論』が著されたのは一七七六年、『神字日文伝』が著されたのは一八一九年だから、その間約四〇年。諦忍の影響で神道家たちがこの文字を広め、さまざまな異本が生じるには十分な年月であろう。

『神字日文伝』が世に出て以降も、神代文字研究者により、この文字が用いられた金石文や神符（神社で発行した護符。お札）がぞくぞくと発見され、現在ではもっともポピュラーな神代文字となっている。

◎南アジアの古代文字との類似

さて、本稿では、平田の判断にしたがってこの文字を日文草書と呼んできたが、実際には日文真字とまったく異質の文字であることは一目瞭然だ。そして、日文真字がハングルの日本化にほかならない以上、この文字はハングルとも異質ということになる。

日文草書はむしろ北方アジアよりも南方の文字との類似が指摘されている。ハングルの歴史が比較的新しいものであるのに対し、日文草書と似た文字はいずれも古代にさかのぼるものばかりである。この事実は、多くの研究者に日文草書は真正の古代文字ではないか、という期待を与えるものになった。

平田が入手したサンプルのうち、前記10に関して、国学者・屋代弘賢《やしろひろかた》（一七五八〜一八四一）が「苗字」すなわち中国雲南のミャオ族の文字だという考証を行っていたという。平田はこれに対し、苗字は漢字と同系統の文字だから、日文草書とはまったく異なると反駁している。

日本近代史学の礎を築いた明治の碩学・久米邦武《くめくにたけ》はこの文字を「どうやら馬来文字らしい」として、日本民族形成に南方からの渡来人が関わった傍証とした。

昭和初期に日本語とフィリピン先住民の原語との比較を行った北里闌《きたざとらん》は、先住民が用いていたマレー系文字（タガログ文字）と日文草書との類似を指摘している。

一九七〇年代、鹿島曻は神代文字の多くはインド古代文字の影響で成立したとして、特に日文草書はサンスクリット（梵字）系統であるとみなした。

また、川崎真治は古代インドのブラフミー文字とカロシティ文字が紀元前三世紀から東南アジア各地に拡散したとして、日文草書はそれが日本列島まで伝播して成立したものとした。

一方、古代信仰研究家の竹内健は、漢字の原型ともいうべき甲骨文字の中に日文草書と類似するものがあることに着目し、日文草書は甲骨文字を学んだ古代の神官がその宗教的意義を保ちつつ、表音文字化したものであるとの説を唱えた。

一九九〇年代、日本探検協会の高橋良典《よしのり》は、そうした先学の業績を踏まえつつ日文草書とインドのカロシティ文字、中国の甲骨文字、古代西アジアのアラム文字との比較を行い、日文草書は今から三〇〇〇年以上前にアジア各地で用いられた古代文字の共通の祖形を伝えるものだという壮大な説を提示した。

いずれも勇み足のきらいはあるものの、こうした海外の文字との比較は日文草書の起源を考えるうえで興味深い示唆を与えてくれるだろう。

◎ほんとうに対馬阿比留家伝来の文字か

さて、この文字と日文真字は阿比留家が伝えていたとされるが、それには疑問がある。平田が入手した阿比留家伝とされる写本には、阿比留家は対馬の卜部《うらべ》だったとされるが、対馬卜部は中臣《なかとみ》系で阿比留家とは別の家系である。阿比留家は平安時代、上総《かずさ》国安蒜《あびる》庄（現千葉県袖ケ浦市）から流されて定着した武士の子孫とされる。在庁官人（地方に土着して国司の下での実務を行う官吏）として勢力を振るったが、鎌倉時代に台頭した宗家（後の対馬藩主の家系）に敗れ、野に下った。武家となる以前の阿比留家の祖先を古代豪族の蘇我《そが》氏と結びつける系図もあるが、いずれにしても卜部とは関係ない。

対馬の阿比留家は祭祀を職掌とするものではなく、上代までさかのぼる家系というわけでもない。その家が二種類もの神代文字を伝えたというのはいかにも不自然である。

◎東京・阿伎留神社の神代文字

さて、東京都あきるの市に、阿伎留《あきる》神社（主祭神・大物主命《おおものぬしのみこと》）がある。この神社は多摩国の式内社に数えられる古社であり、古代の朝廷に仕え、占いをつかさどった卜部が鹿の肩骨を用いて行った太占《ふとまに》に関する記録が残っている。

阿伎留神社はまた、江戸時代、神符発行に用いられた神代文字の版木が残っていることでも有名なところである。また、この神社の森は古くは夷丘《えびす》と呼ばれ、そこから慶長八年（一六〇三）に神代文字を刻んだ銅板が出土したことがあるという（ただし、その話が宣伝されるのは明治以降のこと、銅板の実物は現存せず）。

興味深いのは、阿伎留神社に伝わる神代文字が、神符版木、銅板拓本とも日文草書であることだ。卜部との関係についても、対馬の阿比留家より阿伎留神社の方が深い。

平田が入手した日文のテキストで、真字・草書をともなうものは、いずれも上総国の大中臣正幸なる人物から門下に伝授されていったものとされている。また、諦忍により、この文字が伝わっていたと主張されたのは鎌倉の鶴岡八幡宮である。この文字に関する複数の履歴をさかのぼっていくと江戸を中心とする関東圏でそのルートが交錯する。

日文草書はもともと関東と縁が深い文字であり、対馬とは無関係だったのではないか。それが伝授の過程で、日文真字（ハングル）と一対のものとされ、対馬卜部の伝に仮託された、と考えるのが妥当だろう。

◎加茂文字・出雲文字と分類する説

なお、静岡県の郷土史家・加茂喜三はこの文字に見られる異体字に着目、一一種類に分類している。加茂によると、周防の賀茂大明神社に伝わっていたとされる「加茂文字」と出雲大社に伝わったとされる「出雲文字」（後述の「出雲文字」とは別）は、対馬に伝わったとされる日文草書とはもはや別の文字と考えるべきだとする。

そして、それらの文字の全国的な分布は、古代におけるカモ氏族と出雲系氏族の移動経路を示すものだというのである。

アナイチ文字

◎薩摩藩編集の農業書が初出

豊後出身の国学者・鶴峯戊申《つるみねしげのぶ》（一七八八～一八五九）が著書『鍥木文字考《けいぼくもじこう》』（天保九年＝一八三八）で取り上げたことで有名になった文字。ただし本来の出典は鶴峯の著書ではなく、天保二年（一八三一）に薩摩藩で編纂された『成形図説《せいけいずせつ》』である。『成形図説』は当時の薩摩藩主・島津重豪《しげひで》が藩を代表する学者である曾槃や白尾国柱に命じて編纂した書物である。本来は自然や人事のことごとくを対象とする、いわば百科全書をめざす計画であったが、結局完成したのは農事部のみにとどまったため、現在では農業書として知られている。

その『成形図説』巻二に、薩摩の農民が田の数を記す田券に特殊な符丁が用いられていることが紹介され、その説明で「阿奈以知《あないち》」なるものに言及されている。それは本来は占いに用いる表音記号と数字で、中国で漢字が作られる以前からある記号だという。また、河内国の枚岡社と泡輪社とにはその記号を刻んだ土笥（粘土板）が伝わっているとされている（この二つの神社が実在しないことは前述のとおり）。

◎世界のあらゆる文字の起源

アナイチとは子どもの遊戯で、それに用いる印に似ていることからこの文字は命名されたという。鶴峯は『鍥木文字考』でこの文字が日本の古代文字であるだけではなく、梵字・漢字・西洋のアルファベット・ハングルなど世界のあらゆる文字の起源である可能性があると示唆した。彼はさらに『嘉永刪定神代文字考』（嘉永元年＝一八四八？）を著し、「阿奈

図5

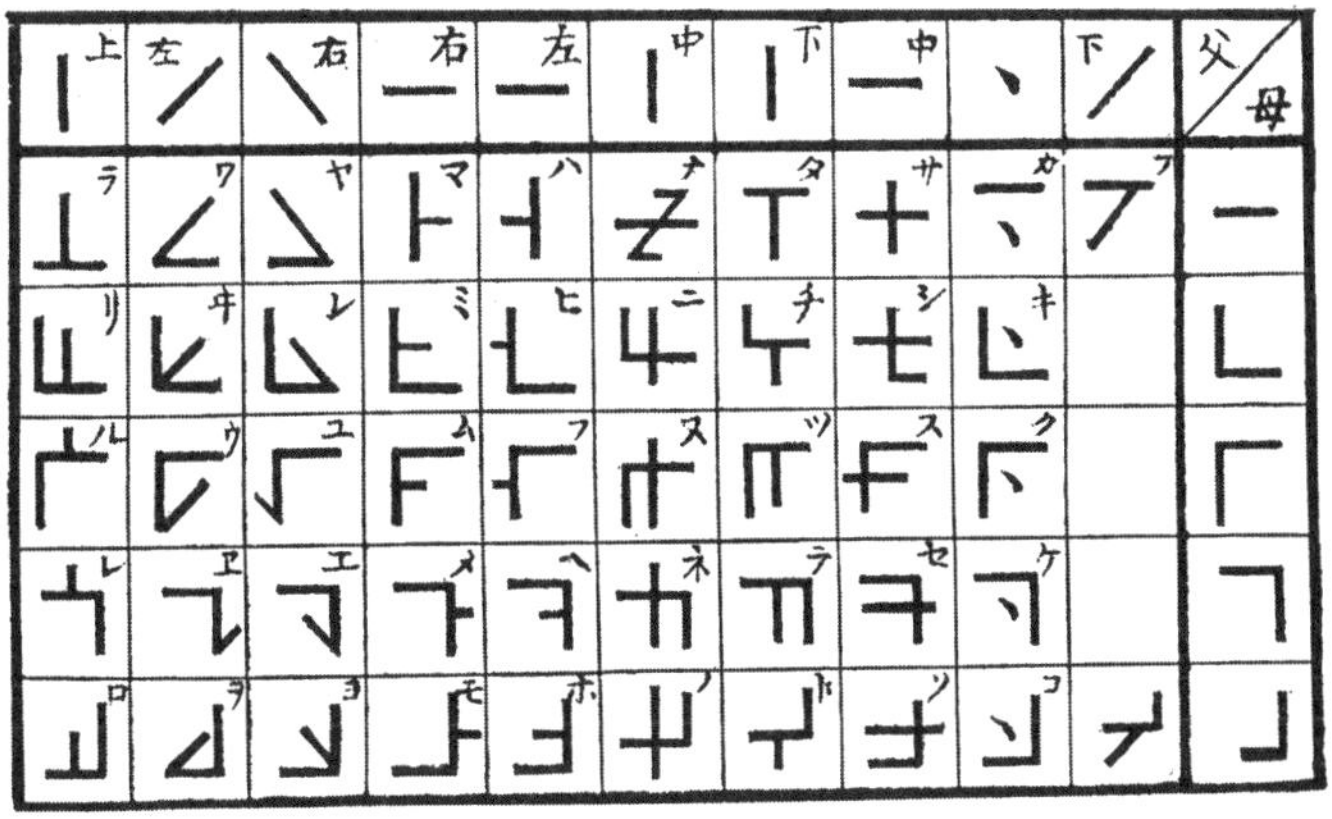

アナイチ文字五十音字

以知」が真正の神代文字であることを力説した。鶴峯はこの字は太占《ふとまに》のマチガタ（占いに用いる亀甲や獣骨の割れ目を読みやすくするためにあらかじめ打ち込んでおく形）に基づいて作られたものと考え、マチガタと同意義の語であるマニにちなんで磨迩《まに》字《な》とも呼んだ。

平田篤胤は『神字日文伝』疑字篇にこの字を収録するにあたって、アナイチに「天名地鎮」という漢字を当てている。

◎古代王朝は薩摩にあった

ちなみに鶴峯戊申は、文政三年（一八二〇）に『襲国偽僭考《そのくにぎせんこう》』という書物を著している。それは、古代の中国に朝貢していた倭王とは大和朝廷ではなく南九州の熊《く》襲《そ》の首長である（したがって中国の史書に出てくる三世紀の倭の女王・卑弥呼も五世紀の倭の五王も九州にいたことになる）、熊襲は大和朝廷に先立つ六～七世紀に独自の年号を建てていた（「九州年号」）、などと主張するものである。

アナイチ文字が農民の田券の中に息づいていたとされる薩摩の地は、鶴峯にとっては、かつて大和朝廷と対立したもう一つの国家の中心地であった。鶴峯の描く古代史像は現代の視点からも誠に興味深いものがありそうである。

なお、対馬亀卜《つしまきぼく》第六九代当主・岩佐教治氏によると、アナイチ文字は対馬卜兆《まちがた》文字とともに亀卜の卦を読むのに現に使われている文字とのことである（後述「対馬卜兆文字」参照）。

神代文字練習帳 1

つぎのアナイチ文字を読んでみましょう。巻末の表3を参照してください。

問1

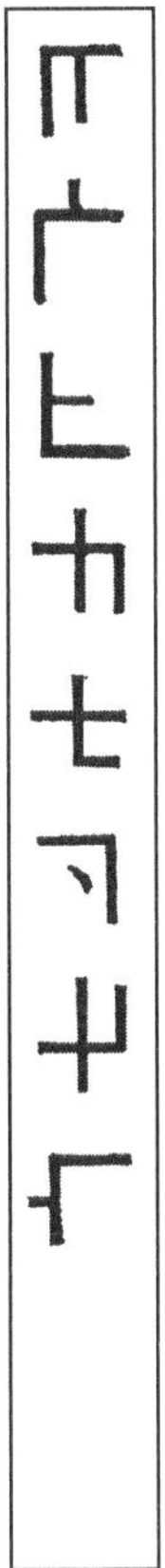

＊ヒント　自著でアナイチ文字をとりあげた国学者

（答・ツルミネシゲノブ　鶴峯戊申）

問2

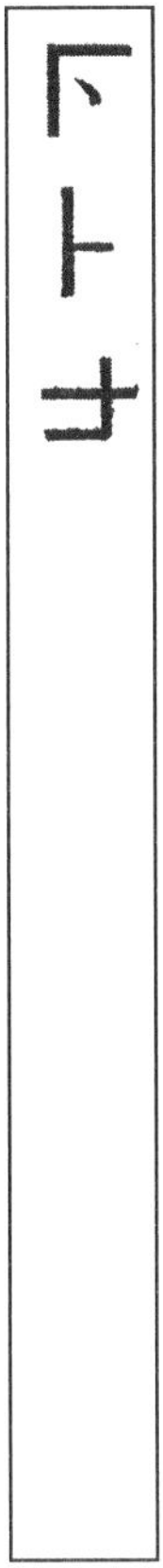

＊ヒント　問1の国学者の説によれば、古代中国に朝貢していた倭王とは大和朝廷ではなく…

（答・クマソ　熊襲）

ヲシテ【秀真《ほつま》文字】

◎古史古伝ホツマツタエに記載

古史古伝『秀真伝《ほつまつたえ》』『三笠文《みかさふみ》』『太占《ふとまに》』の表記に用いられている文字。律宗の僧・敬光《けいこう》『和字考』（寛政三年＝一七九一）、やはり僧侶である釈頓慧《とんえ》『神代神字弁《じんだいしんじべん》』（嘉永二年＝一八四九）には、これが真正の神代文字として特記された。また、平田篤《ひらたあつ》胤《たね》『神字日文伝《かんなひふみのつたえ》』疑字篇にも、「土牘秀真文《はにふだほつまふみ》」「三笠山伝記《みかさのやまふみ》」として収録されている。

『秀真伝』はオオタタネコ（第一〇代・崇神《すじん》天皇の御世に疫病を鎮めたという神人。三輪《みわ》系氏族の祖）、『三笠文』はオオカシマ（第一一代・垂仁《すいにん》天皇の御世の人と伝えられる。中臣氏の祖）の著に仮託されているが、実際にはいずれも江戸時代、安永年間（一七七二～一七八〇）頃に成立した書物である。

◎正しい音韻を教えるための文字

『秀真伝』『三笠文』の神話によれば、天地開闢の時、あらゆる存在は音声から生まれた。アイウエオの五音はウツホ（空）カセ（風）ホ（火）ミツ（水）ハニ（地）の五元素と対応しており、その五音の展開から生まれる四八音が、世界の秩序と、人体の調和を保つ基本原理になっている。そこで、人間がこの四八音を正しく発音することにより、この世から争いや災いがなくなり、人々も健康を保てる。この文字はその正しい音韻を人に教えるためのものだというのである。

この文字が「ヲシテ」と呼ばれるのは、人に教えるためのものだからだというが、あるいは修験道で修行者を導く先達

図6

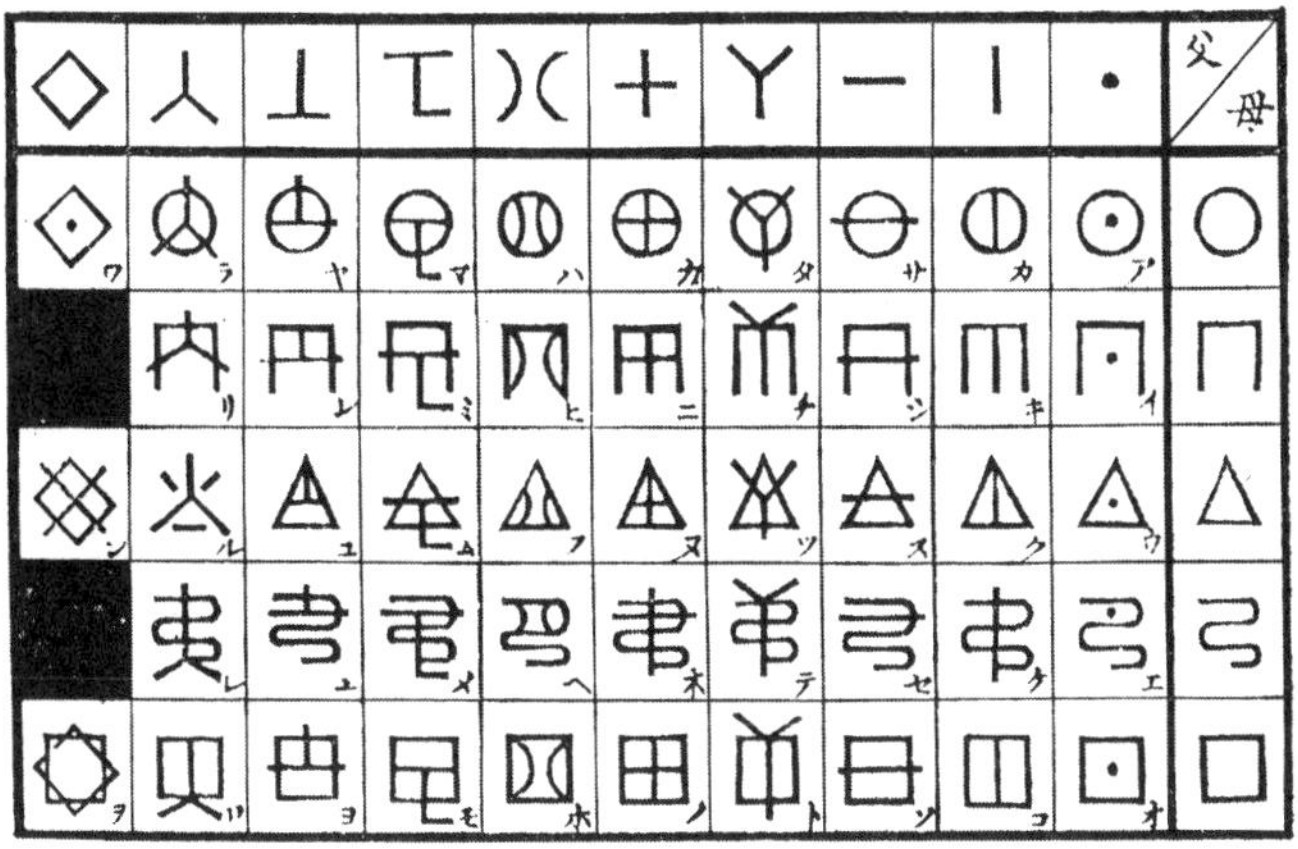

ヲシテ（秀真文字）五十音図（『古字考』）

の意味の語である「御師」とも関係するものかもしれない。

◎アワ・阿波・四国との関連は？

この神話の内容と対応するように、ヲシテはそれぞれ五母音を表す図形に子音を表す図形を組み合わせた構造をもっている。また、『秀真伝』には、人々の音韻をただすためのアワウタなるものが記されているが、それは五十音図を単純な手順で組み替えて、五七調四十八音の歌にしたものであり、発声練習にはたしかに便利なものと認められる。その歌詞は次のとおりである。

「アカハナマ　イキヒニミウク　フヌムエケ　ヘネメオコホノ　モトロソヨ
ヲテレセヱツル　スユンチリ　シヰタラサヤワ　アワノウタ」

なお、平田によると「土牘秀真文」は、オオタタネコ伝として阿波国阿波社（不詳）に残るとともに伊勢神宮の神庫にも同じ文字があるという。「三笠山伝記」は伊予城（現愛媛県松山市の松山城）の城下にある八幡神社で神主が伝授していた文字とされる。

明治七年（一八七四）、愛媛県宇和島の士族・小笠原長弘《ながひろ》らが『秀真伝』写本を宮中に奉呈しようとしたことがあるが、この事実と平田の記述を考え合わせるなら、江戸時代末の一時期、四国においてこの文字の伝授が重視されていた可能性がうかがえる。

◎コミックの世界で活躍

ちなみにこの文字は一九八〇年代、中山星香「アーサー・ロビン」シリーズに使われたのを皮切りに、コミックで魔術師の呪文や異世界の存在のせりふを表記するための文字としてさかんに使われるようになった。代表的なものとしては日渡早紀『未来のうてな』（一九九四〜一

図7

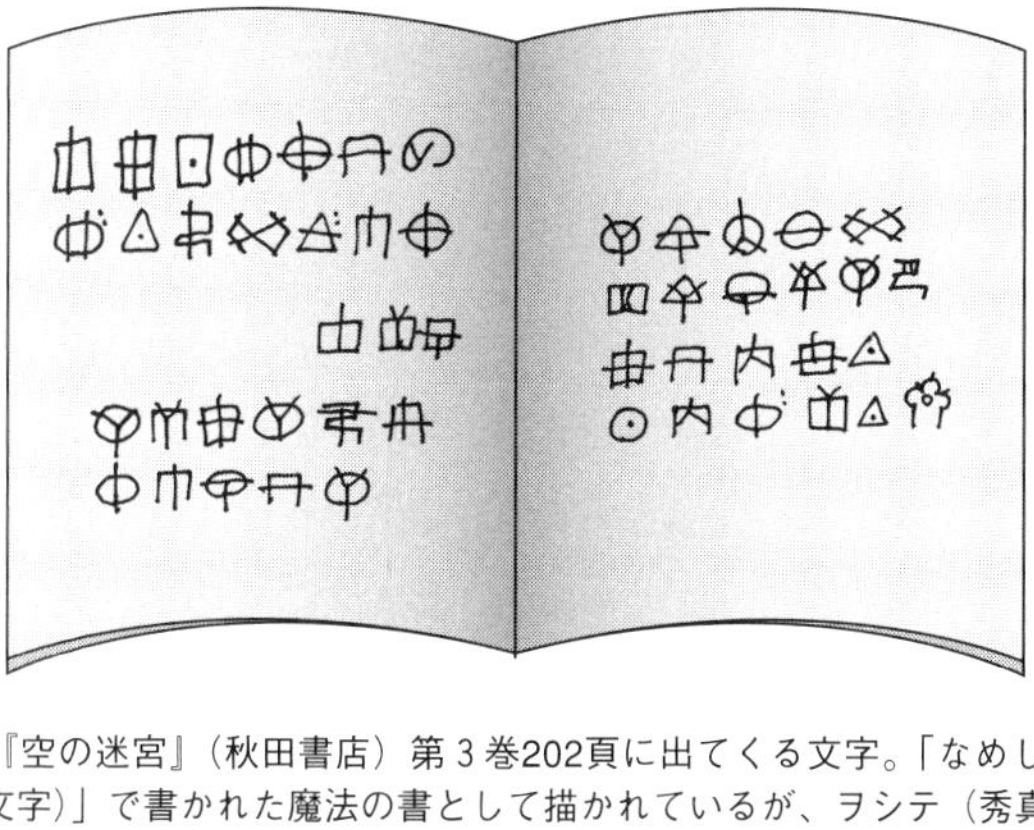

中山星香著『空の迷宮』（秋田書店）第３巻202頁に出てくる文字。「なめし革に銀のルーン（古代文字）」で書かれた魔法の書として描かれているが、ヲシテ（秀真文字）にならって読むと
左「このおはなしは　ぼうけんずきな　こども　たちのために　かきました」
右「たむらさん　ほつまつたえ　のしりよう　ありがとう」
となる。

※本図は作品より模写したもの

九九九、『花とゆめ』連載)、村枝賢一『仮面ライダーＳＰＩＲＩＴＳ』(二〇〇一年～、『マガジンＺ』連載中)などがある。

神代文字練習帳 2

つぎのヲシテ（秀真文字）を読んでみましょう。巻末の表4を参照してください。

問1

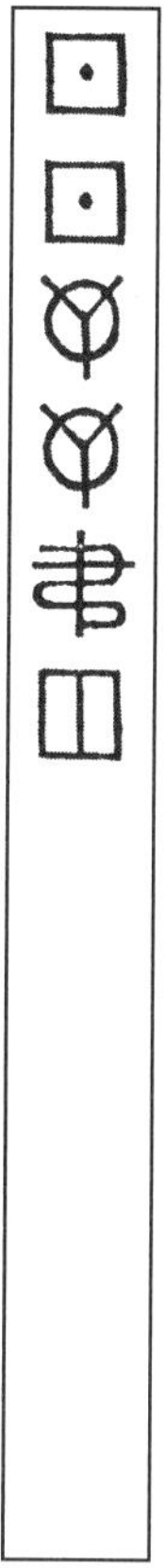

＊ヒント　『秀真伝』の著者とされる

（答・オオタタネコ）

問2

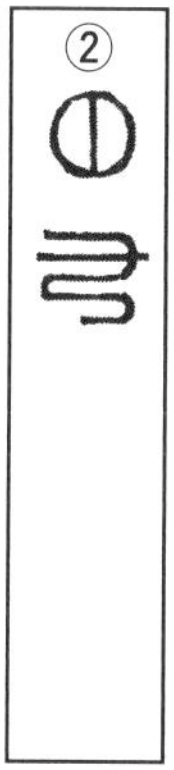

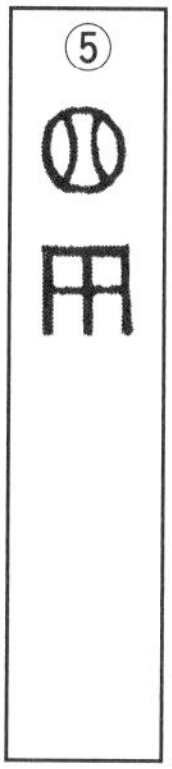

＊ヒント　アイウエオの五音と対応する五元素

（答・①ウツホ　②カセ　③ホ　④ミツ　⑤ハニ）

阿《あ》波《わ》文字・吉《き》備《び》文字

◎日文草書に似ている文字

日文草書《ひふみそうしょ》について、海外の古代文字と関連づける説があることは先述したとおりである。一方、外見上、日文草書に類似した印象の神代文字としては、阿波《あわ》文字と吉備《きび》文字がある。

◎『神字書』に登場する阿波文字

阿波文字は阿波国大宮八幡《おおみやはちまん》の神職・藤原充長《みつなが》（井開《いせき》充長、大宮伊予守光長ともいう）が現した『神字書《かなふみ》』（安永八年＝一七七九）に登場する文字。

平田の『神字日文《かんなひふみ》伝《のつたえ》・疑字篇』によると、この文字と日文とを組み合わせて書かれた祝詞《のりと》が「神字中臣祓《かんななかとみはらへ》」と称せられ、大宮八幡宮伝として流行していたという。

また、平田は同じ神社に十二支文字なども伝わっていたことを記している。ちなみ

図8

アイウエオ
サシスセソ
ナニヌ子ノ
マミムメモ
ラリルレロ
カキクケコ
タチツテト
ハヒフヘホ
ヤイユエヨ
ワ井ウヱヲ

阿波文字五十音字

に阿波国大宮八幡には日文草書も伝わっていたとされるのは前掲のとおり。

この神社に複数の神代文字が伝わっていたとされるようになるには、充長の存在が大きかったのだろう。なお、充長は自らが宮司を務める阿波大宮社に宇佐神宮から八幡神を勧請《かんじょう》・併祀、現在の大宮八幡神社の礎《いしずえ》を固めた人物でもある。

◎阿波文字の実例

落合直澄によると、この文字は阿波国の他に陸前《りくぜん》国本宮郡・下野《しもつけ》国宇都宮・信濃《しなの》国伊那《いな》郡にも伝わっているという。

陸前国の事例は御崎《おさき》神社（現宮城県唐桑町）の境内に現存する石碑で、その表面には阿波文字で「クヱラツカ」と記されている。落合によると、この石碑は明治二一年からさかのぼって三〇年ほど前（安政五年＝一八五八）頃、地中から出土したものだという。

クヱラツカなる語は意味不明である。これは「クシラツカ」の誤記だと考えられる。現地には江戸時代後期、御崎半島の沖で暴風にあった商船が、突如現れた白い鯨《くじら》の導きで難を逃れたという伝説がある。助かった商人はその鯨を御崎明神の使いとみなし、石碑を奉納した、それがこの阿波文字の石碑だというわけである。

図9

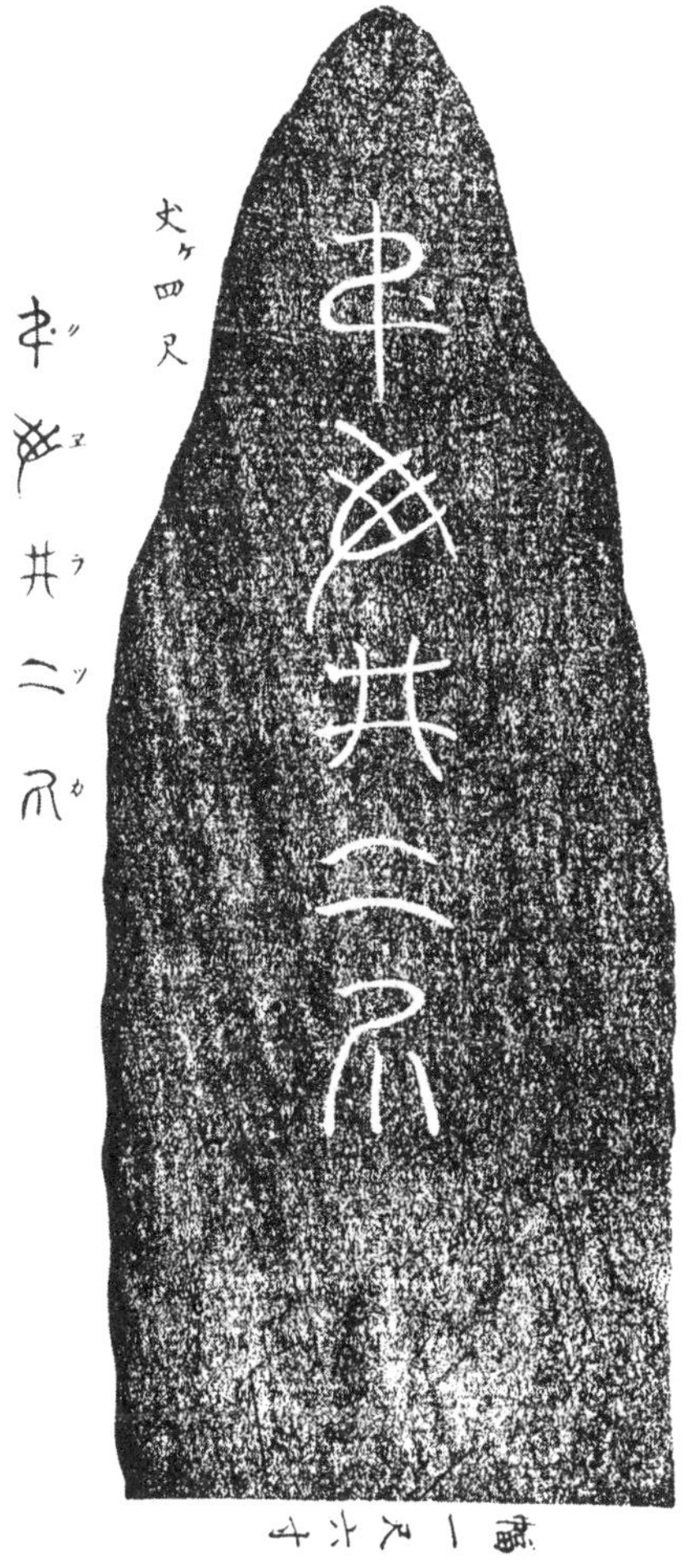

阿波文字クヱラツカ

木村守一氏は、この石碑を刻んだ人物は、いろは歌順の阿波文字を参考にしたものと推定している。いろは歌では、「し」と「ゑ」が隣り合っているため、読み違えたというわけである。

宇都宮の事例は、中里（現栃木県上河内町）の千族《ちから》家に伝わる薬法の巻物で、オオナムチ（大国主命《おおくにぬしの》）神伝の処方を記したものだという。なお、オオナムチは医薬の祖神としても信仰されていた。その奥書には、陸奥国加美郡の意水《いみず》家秘蔵の処方を寛政一一年（一七九九）に伝授されたものとあり、先の石碑と考え合わせると、江戸時代後期、陸奥国でこの文字の伝授が行われていた可能性が浮上してくる。

信濃国伊那郡の事例というのは、大御食《おおみけ》神社（現長野県駒ヶ根市赤穂）に伝わる古史古伝『美社《うるわしのもり》神字解《しんじかい》』のことである。その本文には、日文草書と阿波文字とが混用されている。内容は主にこの地方におけるヤマトタケ（日本武尊）の事跡を記すものである。くわしくは拙著『古史古伝――異端の神々』を参照されたい。

安永八年（一七七九）に阿波国名西郡谷野《やの》神山（現徳島県徳島市国府町矢野）の隠士・宮谷理然《みやたにりねん》が記した祝詞《のりと》集『かむことのよそあり』には、日文草書と阿波文字が混用された大祓詞《おおはらえのことば》が収録されているという。加茂喜三氏は著書『富士の古代文字』でその写真を掲載しているが、それが平田のいう「神字中臣祓」の実例と思われる。

◎吉備真備が使ったとされる吉備文字

吉備文字は確認できる限りでは『神字日文伝・疑字篇』が初出である。平田はこの文字を「和字略書」と呼んでいる。

なお、平田が入手したテキストでは次のような詞書があったという（読み下しは原田）。

「右は吉備大臣の略字なり。礼守・神符、あるいは軍事の隠符にこれを用ふ。これを深く秘すべき者なり。仁寿元年二月二日。卜部某丸」

仁寿元年は西暦八五一年。吉備大臣とは、奈良時代の学者・政治家、吉備真備《きびのまきび》（六九三〜七七五）のことだ。吉備真備は遣唐使として中国の天文・暦学・兵法などを持ち帰った人物であり、その結果、後世、さまざまな伝説が生まれた。

彼が唐から持ち帰ったとされる書物として、日本の未来を記したとされる予言書『野馬台詩《やばたいし》』、兵法の奥義『六韜三略《りくとうさんりゃく》』、陰陽道の奥義『金烏玉兎集《こんうぎょくとしゅう》』などがあげられ

図10

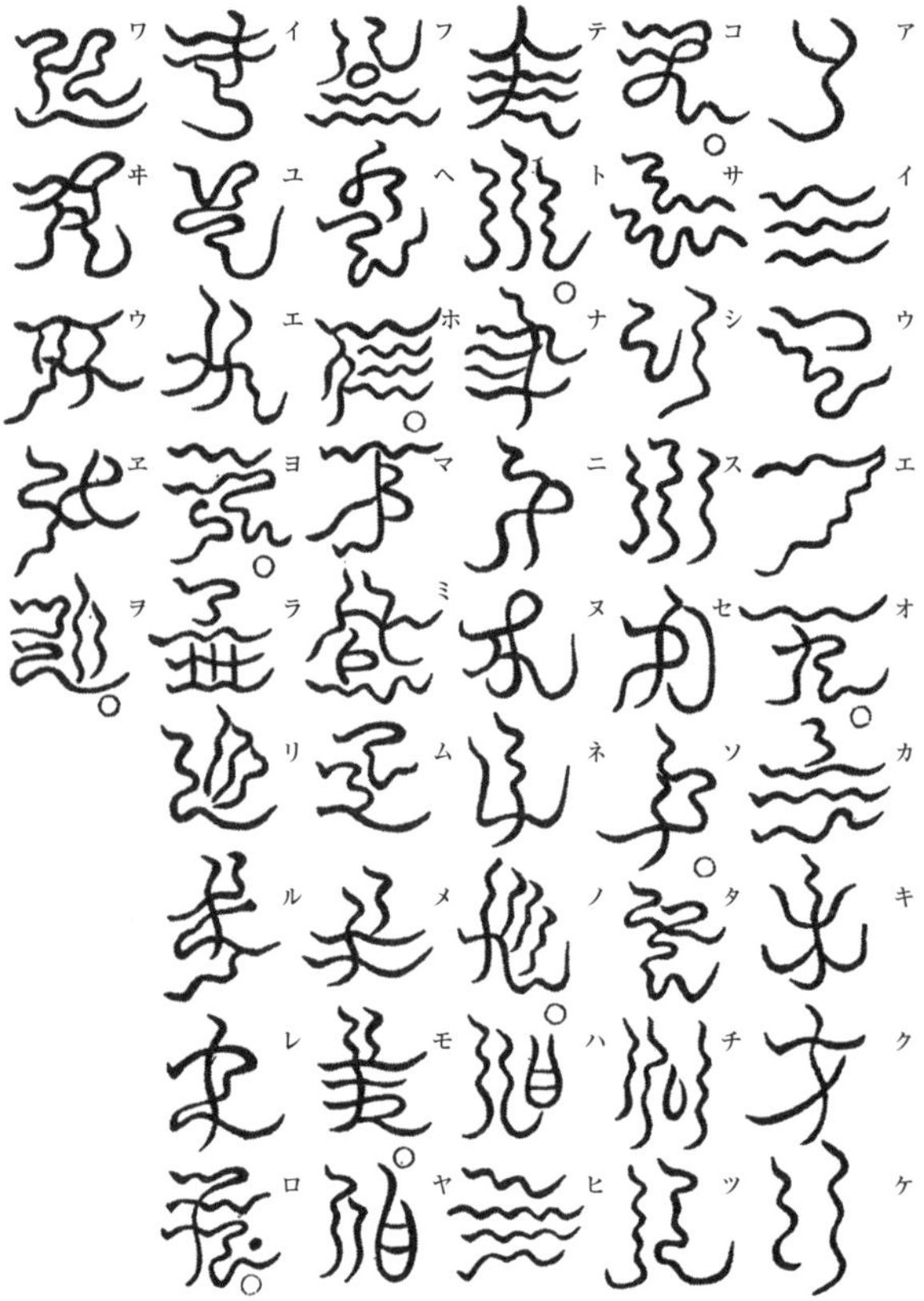

吉備文字五十音字

る。

また、南北朝時代の藤原長親は『倭仮字反切義解《やまとかなはんせつぎかい》』という著書の中で、吉備真備をカタカナと五十音図の発明者としている。

つまり、伝説の中の彼は軍事と呪術と文字のエキスパートだったということである。吉備文字が護符に用いるためのものだったにしろ、軍事用の暗号に用いるためのものだったにしろ、吉備真備がその作者として仮託されるにふさわしい人物だったことは間違いない。

◎中国の護符との関連

この文字は「略字」とされているが、省略される前の字がどのようなものだったか、平田は記すところがない。あるいは中国の護符に用いられる文字を省略して「和字」に変えたということであろうか（もちろん、実際にそれを行ったのは吉備真備よりはるか後世の人であろうが）。

吉備文字が中国の護符から派生したものだとすれば、それは、類似した書体を持つ日文草書や阿波文字の起源を考えるうえでも示唆を与えるものとなるだろう。

なお、吉備真備は古史古伝の一つ『太占《ふとまに》』に漢字で訳注をつけた人物ともされている（『太占』原文とされるものはヲシテで書かれている）。

神代文字練習帳3

つぎの阿波文字を読んでみましょう。巻末の表5を参照してください。

問1

＊ヒント　阿波文字の記された本

（答・カナフミ　『神字書』）

問2

＊ヒント　阿波国大宮八幡の神職

（答・フシワラミツナカ　藤原充長）

神代文字練習帳 4

つぎの吉備文字を読んでみましょう。巻末の表6を参照してください。

問1

＊ヒント　大陸文化を学ぶため日本から中国に派遣された

（答・ケントウシ　遣唐使）

問2

＊ヒント　平安時代の軍事・呪術・文字のエキスパート

（答・キビノマキビ　吉備真備）

モリツネ文字・コレタリ文字

◎紀守恒が伝えたモリツネ文字

『神字日文伝《かんなひふみのつたえ》・疑字篇』に登場する文字。モリツネ文字は「中村松亭紀守恒《きのもりつね》」なる人物が伝授していた文字だという。もっとも、この紀守恒なる人物については不祥であり、平田もあまり重視してはいなかったように思われる。

落合直澄は、この文字が、あるいは「天武天皇ノ新字」なるものではないか、とする。『日本書紀』によると、天武天皇一一年（六八二）、天皇は文官・境部《さかいべの》

図11

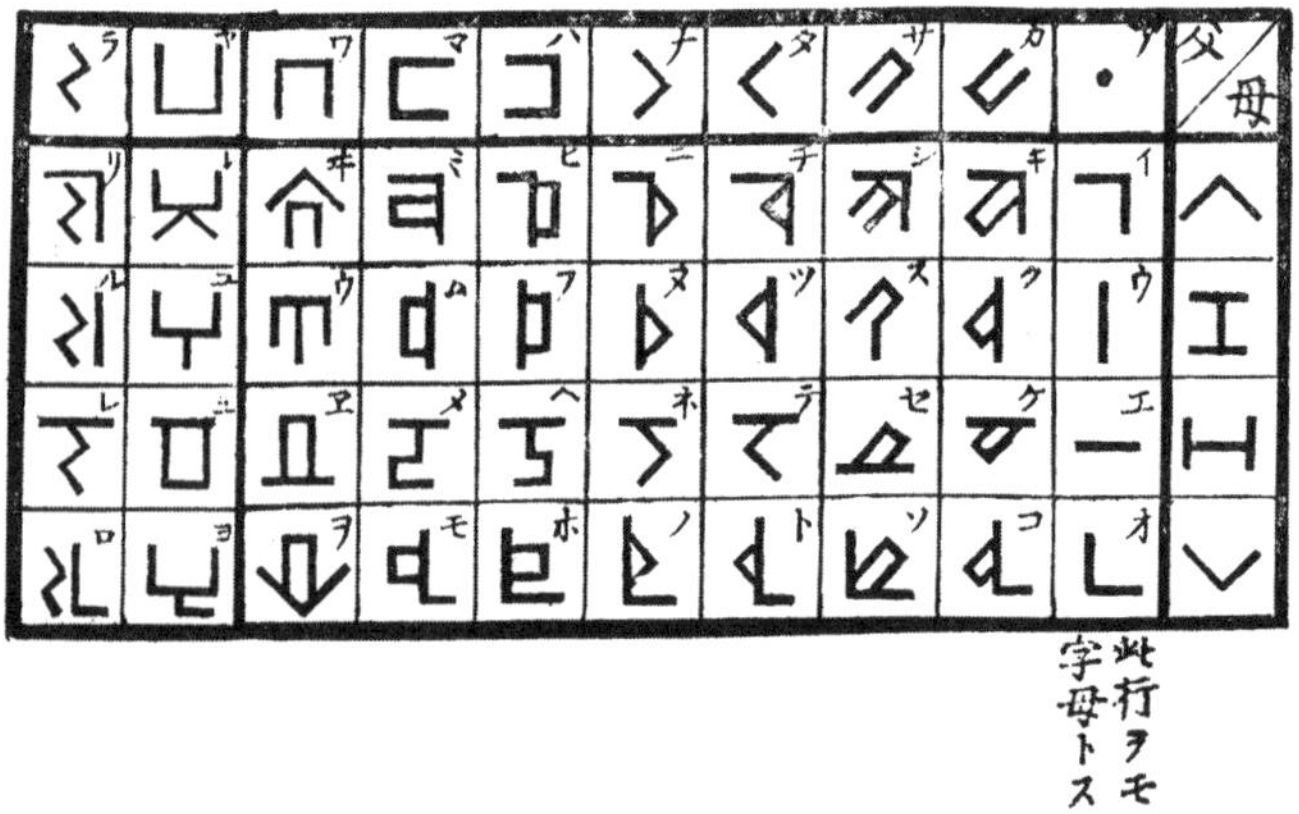

モリツネ文字五十音字

連《むらじ》石積《いわつみ》に命じて「新字一部四四巻」を作らせた。それは、漢字の訓釈・表記を規格化し、日本語として読みやすくするためのテキストだったようだが、現存していない。ただ、『釈日本紀』にそのテキストが宮中の図書寮に収められていたこと、梵字によく似た書体が用いられていたことが伝わるのみである。落合が、モリツネ文字を「新字」とみなした根拠は、その字形が梵字と類似していたからである。もっとも、この文字が天武天皇の御世の作となれば、「神代文字」であることは否定されるわけで、落合の批評はかえって神代文字研究者の関心を遠ざけるものとなった。

図12

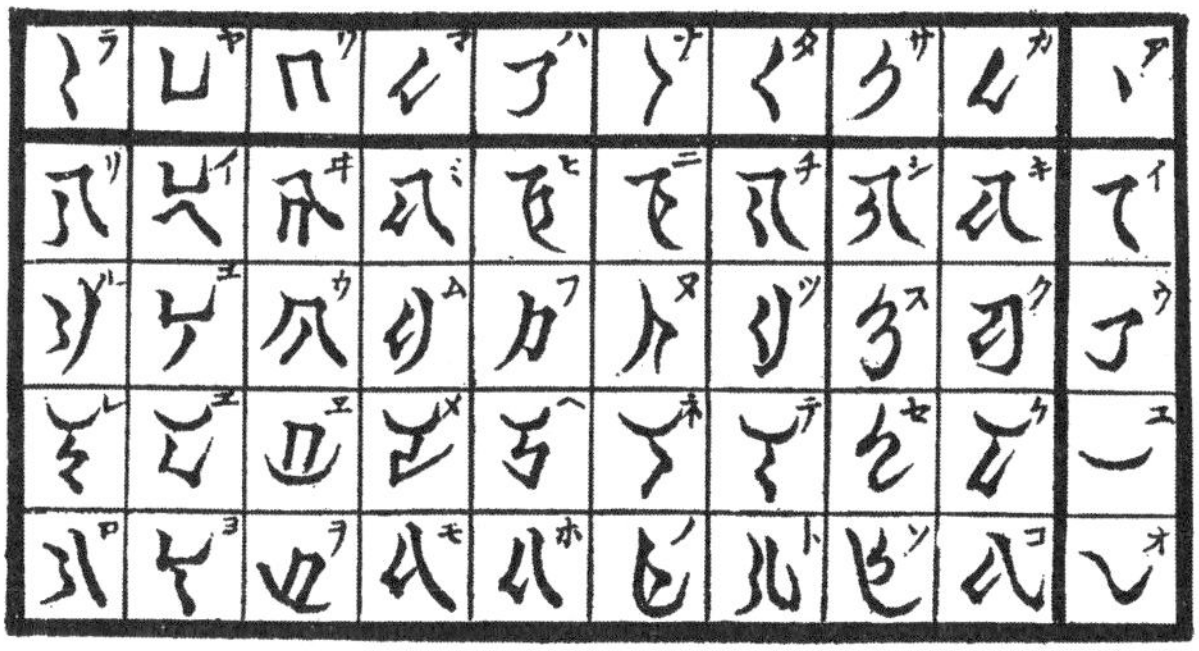

モリツネ文字五十音字(草体)

◎ピラミッド御神体石に刻まれた文字

この文字が重視されるようになるのは、昭和に入ってからのことである。昭和九年（一九三四）、酒井勝軍《かつとき》は広島県に赴き、その県北にある三角形の山・葦嶽山《あしたけやま》（現庄原市本村町）こそ世界最古のピラミッドであると宣言した。酒井は『竹内文書』の中にピラミッド築造に関する記録を見つけたと主張、やがて竹内巨麿《きよまろ》により、ピラミッド御神体石なるものが提示された。その石には、モリツネ文字で、葦嶽山築造の記録が掘り込まれていたのである。

「トシイヤヨソ　マトイムヒ　ミコトノリシテ　キビツネノモトニ　オツナテヒコ
スミラミコトノ　タマシヒビヤウ　マタナミシヤ　ヒルノカミ　ツキノカミ
ツクリヌシカミ　ヒラミツト」

すなわち、古代の天皇が大綱手彦《おつなてひこ》という人物（神？）に詔して、天皇霊・別名メシア（救世主）、日神、月神、造物主を共に祀る廟を建てさせ、ヒラミット（ピラミッド）と名付けたというわけだ。ちなみにスメラミコト＝スミラミコト、メシア＝ミシアなどと、「メ」が「ミ」になまるのは『竹内文書』の特徴であり、これは茨城訛りの混入によるものと思われる（竹内家＝皇祖皇太神宮天津教本部があるのは茨城県磯原市）。

◎世界各地にモリツネ文字が広がった

酒井によると、竹内家に伝わったモリツネ文字の金石文はピラミッド御神体石だけではなく、モーゼが日本にもたらしたというオニックス（縞瑪瑙《しまめのう》）にもモリツネ文字の文が記されていたという。酒井はさらにモリツネ文字について次のように論じている。

「モリツネとは、天降地成のモリツネであって、神国すなわち天国から天降って天支国に移行した文字という意味である」（文中「神国」「天国」とは日本、「天支国」は外国の意）

「一見して梵字はモリツネ字の草体であることが分り、且つモリツネ字はヘブライ字及びギリシャ字の母体であることが分つた」

「我神字モリツネ字が、ヘブライ字として猶太《ユダヤ》教典トーラを綴り、ギリシャ字として基督《キリスト》教典バイブルを綴つた如く、梵字として仏典を綴つて居る。而して此等の秘密が我日本で何の争なく談笑の間に解決されるといふことは奇妙という外はない」

すなわち、モリツネ文字の「モリツネ」とは、日本で発祥して世界に広がったことを示す名称であり、ユダヤ教の旧約聖書、キリスト教の新約聖書、仏教経典の原典に用いられた神聖文字だ、というわけである。

もっとも、モリツネ文字の名は先述のように人名に由来するものであり、酒井の解釈はこじつけに過ぎない。また、実際にはモリツネ文字と古代ヘブライ文字、ギリシャ文字との類似はほとんどない。酒井はヘブライ文字＝モリツネ文字起源説の根拠として、竹内家に伝わった真のヘブライ文字なるものを持ち出しているが、それが何の証拠にもならないことはいうまでもない。

また、梵字との類似が認められるのは確かだが、これはむしろモリツネ文字が梵字をモデルに造作されたことを示す根拠としても解釈できるだろう。

なお、青森県十和田湖畔の「ドコの森」という山に、モリツネ文字を刻んだ石があるとの風説がある。しかし、実際には、この山の文字石と称されるものは植物の化石であり、人工の遺物ではない。文字のように見えるのは太古の木の枝や木の葉の跡なのである。

図13

コレタリ文字四十七音字

図14

コレタリ文字五十音字

◎吉川惟足が伝えたというコレタリ文字

コレタリ文字は江戸時代初期の高名な神道家・吉川惟足《きっかわこれたり》（一六一六〜一六九五）が伝授した文字だという。吉川は幕府の官学であった朱子学（中国宋代発祥の儒学の一派）を神道の説明に取り入れた人物で、天和二年（一六八二）、幕府神道方に重用される。以来、吉川家は神道方を家職として世襲した。

平田が入手したコレタリ文字は、吉川惟足が熱田《あつた》神宮大宮司・為麻呂《ためまろ》に伝授したものが熱田の神官によって後に伝えられたものだという。それは梵字《ぼんじ》や道教の符を思わせる曲線的な文字である。

落合直澄もやはりコレタリ文字を紹介しているが、その書体は直線的である。また、落合によると、平田が紹介しているコレタリ文字の表には錯誤がある、という。これは、落合の紹介するコレタリ文字が平田の祖述ではなく、別ルートから入手されたものであることを示している。

実のところ、この文字が吉川惟足に由来するというのは疑わしい。吉川惟足の弟子で、神代文字信奉者でもあった山崎闇斎《やまざきあんさい》（一六一八〜一六八二）の著書にはコレタリ文字について何ら言及するところがない。この文字は本来、吉川惟足とは関係なく、権威付けのために付会されたとみなすのが妥当だろう。

吾郷《あごう》清彦はこの文字が江州息吹《ごうしゅういぶき》神社の守札《まもりふだ》に用いられていると記したことがあるが、その著書には守札の実例は挙げられていない。また、後年、吾郷はその江州息吹神社に相当する伊夫岐《いぶき》神社（滋賀県米原市伊吹）で神代文字の神符を調査したが、それはコレタリ文字とは似ても似つかぬものだった。今のところ、コレタリ文字は五十音図があるだけで確かな使用例は見つかっていないようである。

酒井勝軍はこの文字について、『竹内文書』を根拠に、超古代、天御中主天皇《あめのみなかぬし》の御世に天地《あめつち》コレタリ文造神《ふみつくりのかみ》が製作したものであると主張している。

神代文字の名称を本来の由来から切り離し、その名称から思いついた由来譚を捏造する、ここに酒井（および『竹内文書』）における神代文字取り込みのパターンが見出せるようだ。

神代文字練習帳 5

問1

つぎのモリツネ文字を読んでみましょう。巻末の表7を参照してください。

＊ヒント　世界最古のピラミッドを発見？

（答・サカイカツトキ　酒井勝軍）

問2

つぎのコレタリ文字を読んでみましょう。巻末の表10を参照してください。

＊ヒント　吉川惟足の弟子

（答・ヤマサキアンサイ　山崎闇斎）

対馬《つしま》卜兆《まちがた》文字

◎アヒル文字の別伝

『神字日文伝《かんなひふみのつたえ》・疑字篇』に日文《ひふみ》の別伝として収められた文字。対馬卜部《つしまうらべ》・阿比留《あひる》家からの伝授という由来をもつのは日文真字《ひふみまな》・日文草書《ひふみそうしょ》と共通である。平田篤胤《ひらたあつたね》が入手したのは山城国相楽《さがら》郡平尾《ひらお》村（現京都府山城町）の平政熱《まさあつ》という人物が享保一一年（一七二六）に伝えたというもの、阿比留中務《なかつかさ》なる人物より出て備前国奈加郡（不詳）に伝わったとされるもの、吉田家の家臣から出て雲州島根郡西尾村（現島根県松江市西尾町）の神職・吉岡家に伝わったものの三とおりがあったという。ちなみに吉岡家伝については訓がついておらず、伝承した家でも読み方がわからなくなっていたとのことである。

平田はこの文字について、ある人が「卜食の兆文《まちがた》なり、文字に非ず」という説を唱えているとする。平田自身はこれについて、文字は目印に用いるものなのだから、

図15

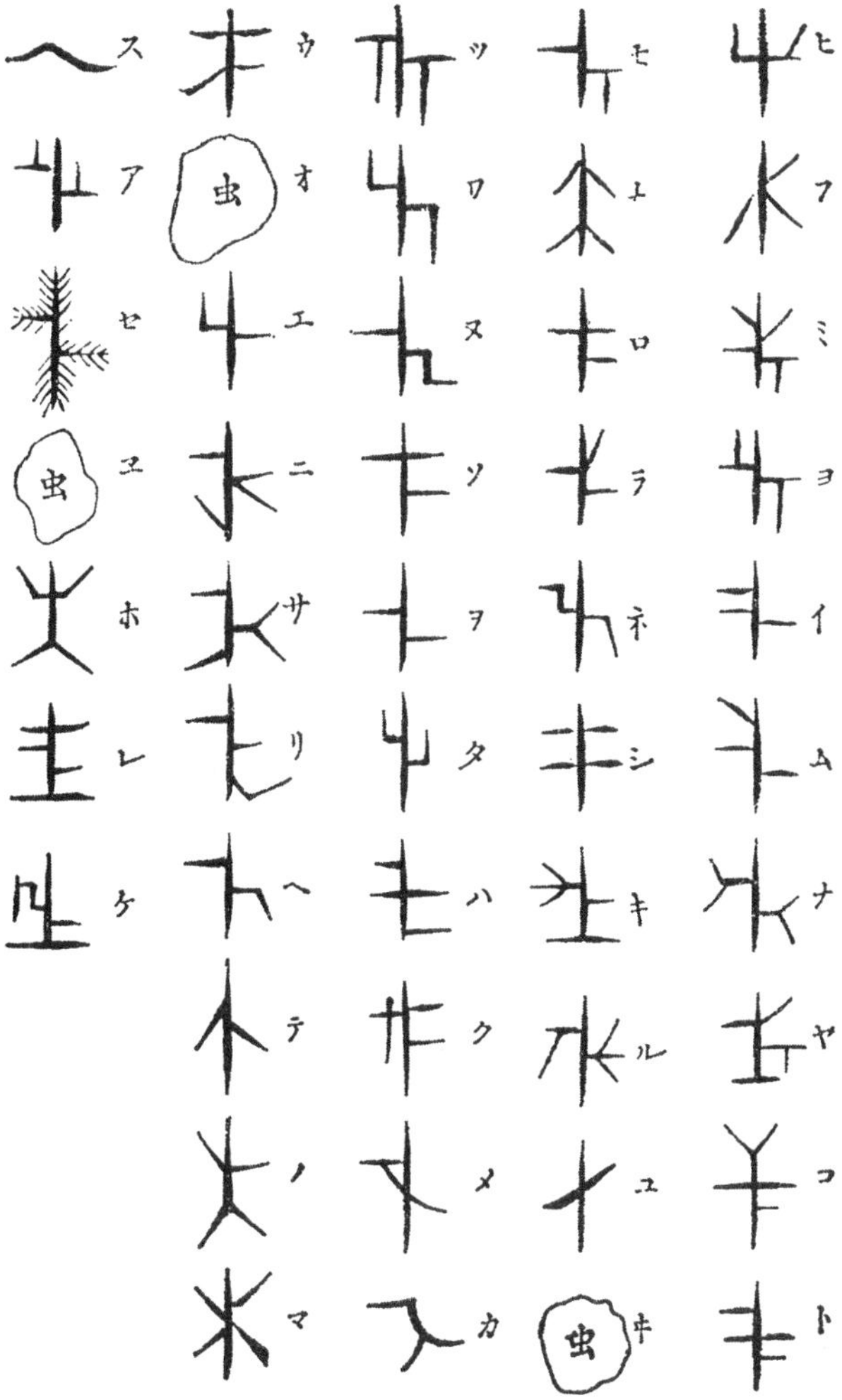

対馬文字四十七音字

特定の家のうちうちで（文字として）用いていたとも考えられるとしている。

落合直澄は平田のいう、ある人の説（卜食の兆文）を受けつつ、漢字にも卜兆から発生した文字が含まれているのだから、これもまた立派な文字である、との論を展開している。

もっとも、前述のように、そもそも阿比留家は卜部ではないのだから、この文字の由来は怪しいのだが、文字の形が亀卜《きぼく》のマチガタとよく似ていることは興味深い。

◎亀卜とマチガタ

古代中国では、大型の亀の甲羅や、牛の肩甲骨を火で焙り、その表面に出るヒビを占いに用いるということが先史時代から行われていた。特に紀元前一三世紀くらいの商《しょう》（殷《いん》）代後期になると、占いに用いた甲羅や骨に結果を文字で刻むことが始まり、当時の王名や社会状況を調べる重要な資料となっている。その文字は甲骨文字と呼ばれるもので現在の漢字の原型である。漢字で占いを意味する「卜」は、もともとは甲羅や骨に現れた割れ目の象形文字なのである。

この占いの技法は日本でも二～三世紀、邪馬台国の時代から行われており、魏志倭人伝には、倭人の風俗として「骨を灼《や》きて卜《ぼく》し、以《もっ》て吉兆を占う。先ず卜する所を告ぐ。その辞は令亀《れいき》の法の如く、火坼《かさく》を視て吉凶を占う」とある。つまり、倭人は中国人が亀の甲羅で占うのとそっくりなやりかたで骨を焼いて占う、というのである。

この占いは後世の神道に伝えられ、フトマニ（太占）と呼ばれた。フトマニでは通常、鹿の肩甲骨が用いられる。『古事記』によると、イザナギ・イザナミは国産みに先立ち、結婚の作法についてフトマニをたてたとされている。また、アマテラスの天岩屋戸《あまのいわやど》隠れの際にも高天原《たかまがはら》の神々が鹿の骨を用いてフトマニをたてた、とある（拙著『古事記――異端の神々』）。

古代中国では当初、この占いで、読みやすいヒビが出るまでに大量の甲羅や骨を使わなければならなかったが、商（殷）代にはあらかじめ骨や甲羅に穴を開け、ヒビの方向性を操作する技法が普及した。つまり、穴が開いた骨や甲羅なら、その穴同士をつなぐようなヒビが入りやすくなるわけだ。日本でも六～七世紀の遺跡から出土した占い用の亀甲に、「十」字方の刻み目を入れてヒビの方向を操作した例がある（神奈川県三浦市の間口洞窟遺跡、同三浦市の浜諸磯遺跡、長崎県壱岐市の串山ミルメ遺跡など）。

この刻み目が定型化したものをマチガタという。平安時代には、宮廷で亀卜のフトマニを行うのは神祇官所属の卜部に限られ、さらにその卜部は対馬・壱岐・伊豆の三つの地域の出身者に限られていた。ちなみにこのうち、伊豆の卜部で畿内に定住したもののなかから、室町時代以降、朝廷・幕府にも影響力をもつ唯一神道《ゆいいつしんとう》の宗家となる吉田家が現れる。

卜部では、亀卜のマチガタの形を家伝としていた。また、吉田家では、亀卜の際の呪文として「ト・ホ・カミ・エミ・タメ」の八音五句を伝えており、その言霊《ことだま》はマチガタの形と対応するものともみなされている。

◎マチガタと神代文字の密接な関係

亀卜とマチガタはまた、神代文字とも密接不可分の関係にある。というのは、室町時代、唯一神道の事実上の創始者ともいうべき吉田兼倶《かねとも》(卜部兼倶、一四三五〜一五一一)がその『日本書紀』講義の中で、「神代ノ文字」は「一万三千七百九字」あり、それは「亀ノト」によって知ることができる、と書き残しているからである。

また、兼倶によると、アイウエオ五十字も、「ハカセ」(仏教音楽の声明で発声の高低を示すために用いられる記号。一種の楽譜)も神代の文字だという。

兼倶の子で、清原家の養子となった清原宣賢《のりたか》(一四七五〜一五五〇)も著書『日本書紀抄』で、吉田家の秘伝として、「神代ノ文字」は「一万五千三百五十四字」あり、「声明ノハカセヲツケタル如クナル字」で「亀卜ヲスレハ」その文字が現れると記している。

　一万字以上もある、また、ハカセに似ているということは表音文字ではなさそうだが、吉田家秘伝の「神代ノ文字」が後世に現れる神代文字に大きな影響を与えていることは間違いないだろう。

　対馬卜兆文字は、ヒフミ歌を記す表音文字として整理されているが、その形は、卜部のマチガタとその周囲に走るヒビ割れを象《かたど》ったものであり、吉田家秘伝の文字がいかなるものであったかに示唆を与えるものといえよう。

図16

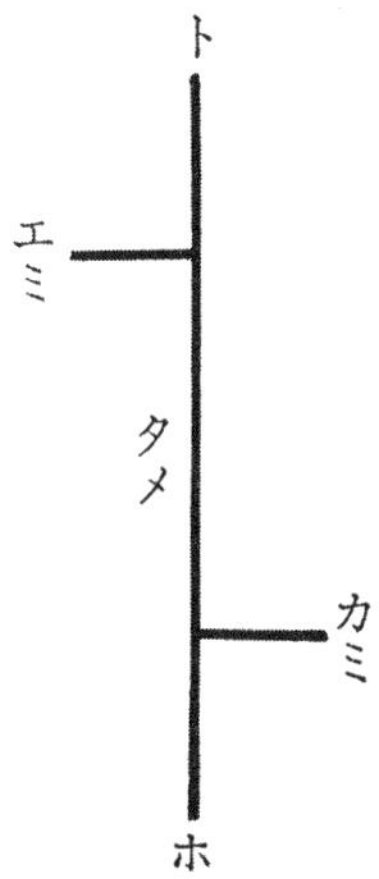

日本の鹿卜マチガタ図

なお、対馬亀卜については厳原《いづはら》町豆酘《つつ》の岩佐《いわさ》家で代々伝承しており、同町の雷神社の祭礼で執り行われている。六九代目当主・岩佐教治氏によると、同家の伝承では、日本の神代文字も中国の甲骨文字も亀卜の卜兆に字源とするものとのことである（「対馬〝亀卜神事〟」『「邪馬台国」徹底論争・第三巻』所収）。

なお、吾郷《あごう》清彦氏は対馬卜兆文字の別伝と思われる文字を入手したという。その文字は「備前国奈加郡阿比留中務」の伝として近衛《このえ》家に蔵せられていたものだという。また、吾郷氏は『竹内文書』のモモノキ文字と、この文字の類似をも指摘している。

神代文字練習帳 6

問1 つぎの対馬卜兆文字を読んでみましょう。巻末の表11を参照してください。

＊ヒント　隠れてしまった女神

（答・アマテラス）

問2

＊ヒント　古代の占い

（答・フトマニ　太占）

問3

①

②

③

④

⑤

＊ヒント　マチガタに対応する呪文

（答・①ト　②ホ　③カミ　④エミ　⑤タメ）

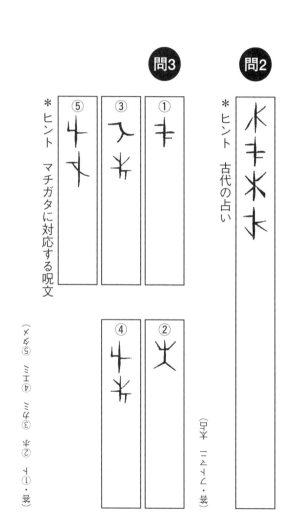

忌部《いんべ》文字

◎神祇官の家系に伝えられた文字？

『神字日文伝・疑字篇』には、忌部《いんべ》（斎部）氏ゆかりと明記された文字として、「神代象字伝《かみよかたなのつたえ》」「神体勧請之御正印《しんたいかんじょうのごしょういん》」「斎部家極秘神字《いんべけごくひのかむな》」の三種類が挙げられている。

「神代象字伝」は忌部家に伝わったという「大己貴命之霊句《おおなむちのみことのれいく》四十七音」の順に配列されており、忌部と橘《たちばな》の両家にのみ極秘として伝わったものだという。

「神体勧請之御正印」は忌部・卜部の両家の秘符とされるもので、金土水火木の五行の神を表す印である（ただし平田篤胤《ひらたあつたね》の例示は「木」を欠いた四行のみである）。

「斎部家極秘神字」は忌部氏の祖・天太玉命《あめのふとだまのみこと》が作った文字という。

平田はこの三種のほかに、当時、神道家の間で伝授されていた忌部文字の別伝と思しき文字を五種類取り上げており、この文字が流行していたことがうかがえる。

落合直澄はこの文字を裏面に記した神鏡が伊勢の山田神宮教会に伝わっていると

する。ただし、落合によれば、その鏡は明治一二年奉納で、古鏡の模造の可能性はあるにしても、さして古いものではないという。

図17

忌部文字五十音字

◎巻き返しをはかる忌部氏の『古語拾遺』

アメノフトダマは記紀によれば、アメノコヤネ（中臣《なかとみ》氏の祖）とともに、アマテラスを天岩屋戸《あまのいわやと》から出すための神事を執り行った神である。八世紀の律令制定以降、忌部氏と中臣氏はともに神祇官を出す家系となったが、中臣氏が同族の藤原氏の縁故で勢力を振るったのに対し、忌部氏は次第に衰えることになった。

平安時代初期の大同二年（八〇七）、忌部の長老・斎部《いんべ》広成《ひろなり》は、中臣氏への巻き返しを図るべく、忌部氏の職掌と、過去の朝廷への貢献を明らかにするため、『古語拾遺《こごしゅうい》』という書物を著した。その冒頭に曰く——

「蓋《けだ》し聞《き》く、上古《ふるき》の世、未だ文字有らず、貴賤老少《たかきもいやしきもをいもわかきも》、口々に相伝へ、前言往行、存して忘れず。書契《しょけい》以来、古《いにしへ》を談《かた》るを好まず」

つまり昔は文字がなかったため、人々は口伝で先人の言行を残して忘れることはなかったが、書契（漢字）を用いるようになって以降は伝承が途絶えるようになった、ということだ。後世、この文は神代文字の存在を否定する証言として知られるようになる。

ところが南北朝時代の南朝貞治六年（一三六七）、広成の曾孫である忌部正通《まさみち》は『日本書紀口訣《こうけつ》』を著し、その中で神代文字の存在を主張した。

「神代の文字は象形《しょうけい》なり。応神天皇の御宇《ぎょう》、異域《いいき》の典経《てんきょう》初めて渡来せし以降、推古天皇の御宇《ぎょう》漢字を以《もっ》て和字に付け給ふ」

漢字渡来以前の文字について、広成から正通まで五六〇年の間に、忌部氏における伝承も変容を遂げていたのである。

◎『大成経』由来の配列か

平田が忌部氏伝来という神代文字の呼称に「象字」という語を用いたのは、この正通の証言を受けたものだった。しかし、忌部文字の実例を見る限りでは、それは象形文字を思わせるものではない。むしろ直線の組み合わせを基礎とする形状のものだ。したがって、正通の証言にいう「象形」の文字と、これら忌部文字を同一視することはできない。

平田は忌部文字の配列に用いられた霊句四十七音が『大成経《たいせいきょう》』に由来することを

指摘し、忌部文字は『大成経』が出て以降の偽作であろうとしている。

なお、以上の忌部文字とは別に、ＳＦ作家・荒巻義雄氏の作品で、忌部氏が伝えた古代文字として、西洋音階の音符に似た文字が登場した例がある。一部の神代文字研究者が、その文字の出所について追求したが、結局、それは荒巻氏の創作だったという。

神代文字練習帳 7

つぎの忌部文字を読んでみましょう。巻末の表12を参照してください。

問1

＊ヒント　忌部氏の祖

（答・アメノフトタマ　天太玉）

問2

＊ヒント　忌部氏の長老『古語拾遺』の著者の名

（答・ヒロナリ　広成）

問3

＊ヒント　『日本書紀口訣』の著者の名

（答・マサミチ　正通）

中臣《なかとみ》文字

◎天種子が作り上げた文字

『神字日文伝・疑字篇』に「本朝五十音之和字」と題して掲載された文字。中臣氏の祖神アメノコヤネから三世にあたる天種子《あめのたねこ》が天地自然の音である五音（アイウエオ）にもとづいて作り上げた文字という。平田篤胤《ひらたあつたね》が入手したテキストには「延暦《えんりゃく》二年三月十一日　大中臣某丸」との署名があったという（延暦二年は西暦七八三年）。

外見は道教の霊符を思わせるものがあ

図18

中臣文字五十音字

る。霊符に用いられる文字の多くは漢字を崩したものである。『竹内文書』研究者の高畠《たかばたけ》康寿《やすとし》は、この文字が漢字の起源であると主張したが、むしろこの文字の方が漢字の影響下に作られたとみなすほうが妥当だろう。生涯、神代文字擁護の論陣を張り続けた吾郷《あごう》清彦も、この文字については「漢字の影響を受けた理屈っぽい印象を受けるのは、あに筆者（吾郷）一人ではあるまい」とコメントしている。

◎中臣氏との関係は？

中臣氏は神代以来の祭祀の家柄とされることから、この文字の伝承者として仮託されたのだろう。ちなみに大中臣家の

図19

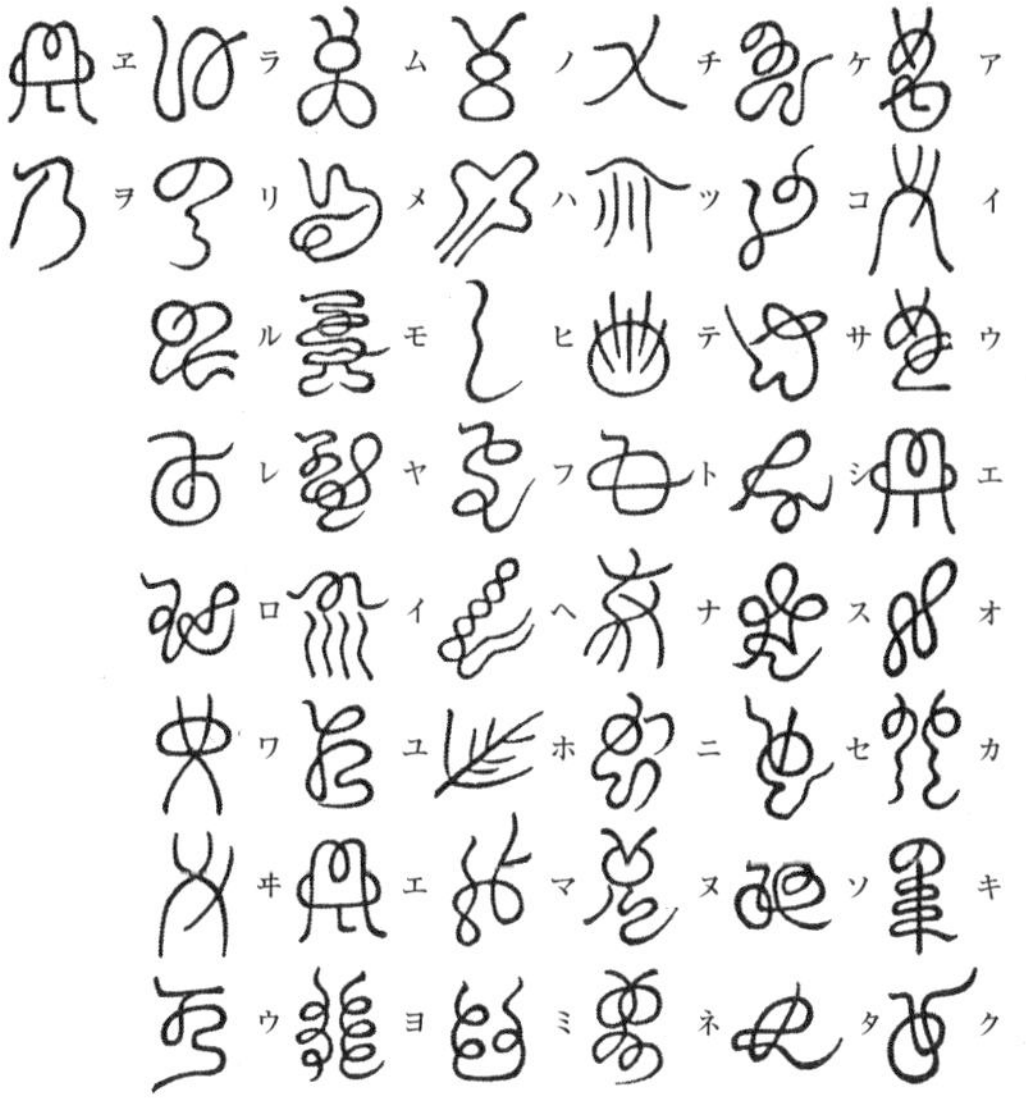

中臣文字別伝①五十音字

末裔を自称する家系としては『九鬼文書《くかみもんじょ》』を伝えたとされる九鬼旧子爵家があるが、『九鬼文書』の神代文字に、この文字は含まれていない。

『神字日文伝』疑字篇には、この中臣文字のほかにも天種子が作ったという神代文字五十音図が二種類（図19・図20）、掲載されている。

また、これと別にアメノコヤネが作ったという「ヒフミヨイムナヤコト」の十文字（図21）も収められているが、それは忌部文字の別伝と思しきものである。

図20

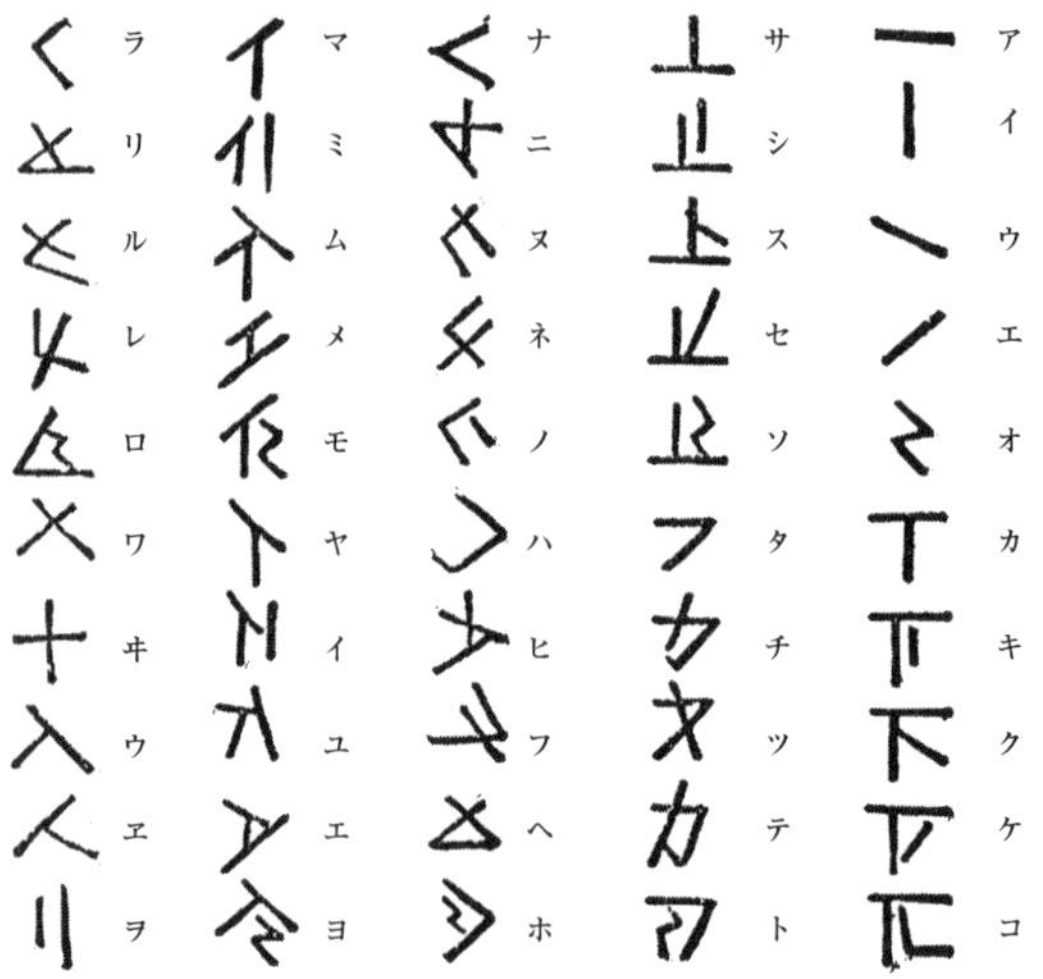

中臣文字別伝②五十音字

図21

アメノコヤネの十文字

神代文字練習帳 8

問1

つぎの中臣文字を読んでみましょう。巻末の表13を参照してください。

＊ヒント　中臣文字を作り上げた人物

（答・アメノコヤネ）

問2

つぎの文字を巻末の表13を参照して読んでみましょう。

＊ヒント　九鬼家の先祖と称される

（答・オオナカトミ　大中臣）

物部《もののべ》文字

◎蘇我馬子に敗れた物部氏の係累

五八七年、物部《もののべ》氏の長・弓削大連守屋《ゆげのおおむらじもりや》が聖徳太子・蘇我馬子《そがのうまこ》らと戦って敗死したことは『日本書紀』にくわしい。秋田県大仙市協和の唐松《からまつ》神社（天日宮《あまつひのみや》）は、その戦いの際、守屋の一子・那加世《なかせ》が東北に逃れて建てた神社だという。

物部氏の「モノ」は「もののふ」つまり武人の家系であることを示すとともに、「もののけ」つまり霊や呪術に関わる職能をも示す名乗りであった。

唐松神社には、古神道に関する記録が多数伝わっているとされ、『秋田物部文書』と総称される。一九五六年、太古史研究家の小保内樺之介《おぼないかばのすけ》は『天津祝詞《あまつのりと》の太祝詞の解説』（私家版）を著し、唐松神社に伝わっていた祝詞を公開した。その祝詞の表記に用いられていた文字を物部文字という。

◎独自の文字体系をもつ

吾郷《あごう》清彦は、物部文字と日文草書《ひふみそうしょ》（アヒルクサ文字）との形態の類似を指摘しており、『秋田物部文書』研究者の進藤孝一はアヒルクサ文字と同じ文字とみなしている。しかし、実際に、個々の物部文字と日文草書を比較すると、似ていない文字が多く、まったく別の文字体系とみなすべきだろう。

ちなみに物部文字で書かれた祝詞は次のとおり。

ヒフミヨイムナヤコトモチロラネシ
キルユヰツワヌソヲタハクメカウ
オエニサリヘテノマシアセエホレケ
　　　　　　　　　　　　　　　　　イ
ヒフミ・ミフヒ・ヒフミヨイムナ・ナムイヨミフヒ
ヒフミヨイムナヤコト
一二三四五六七八九十・十九八七六五四三二一
トコヤナムイヨミフヒ
ヒフミヨイムナ・ナムイヨミフヒ・ヒフミ・ミフヒ

この祝詞がどのように使われたのかは不詳だが、物部氏の神道は生命力を強めるミタマフリ（御魂振り）の思想に基づくといわれており、この祝詞もそれと無関係ではないだろう。

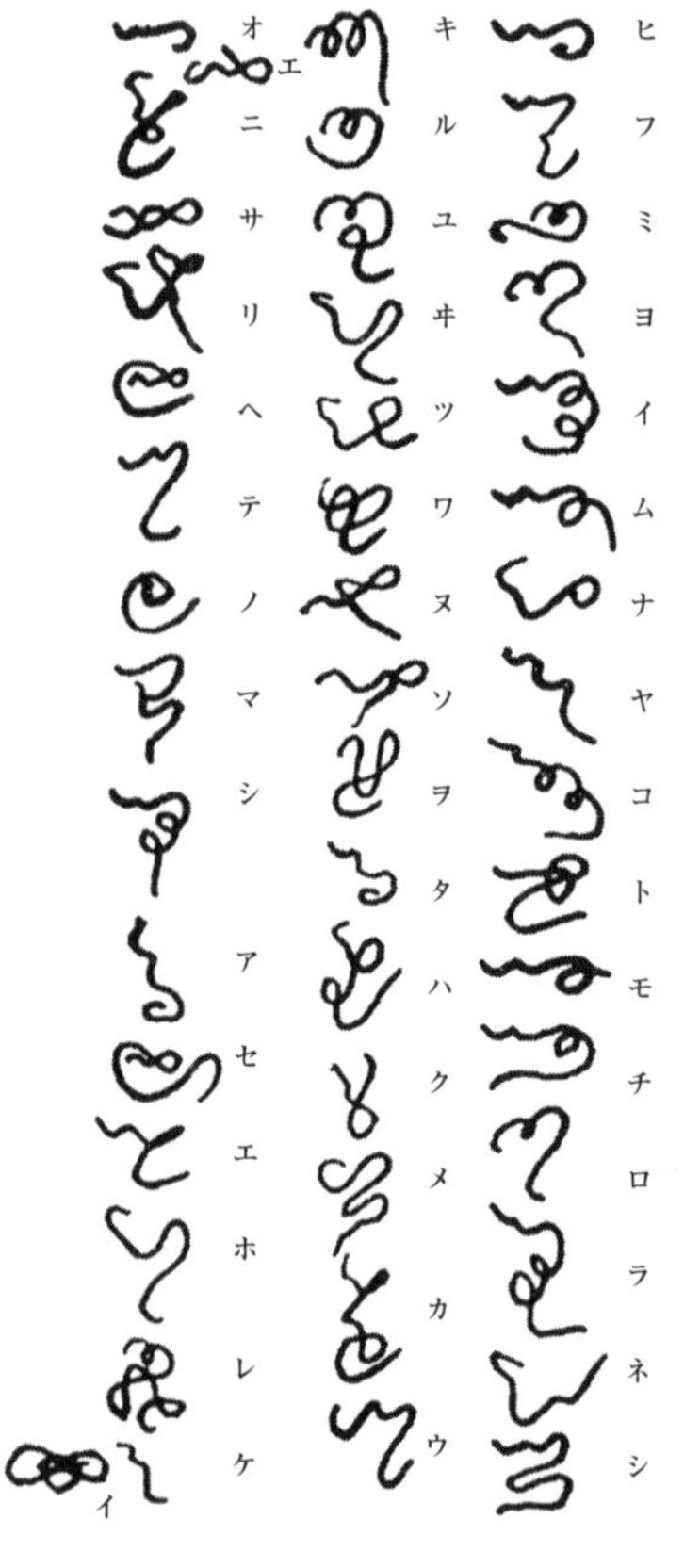

図22

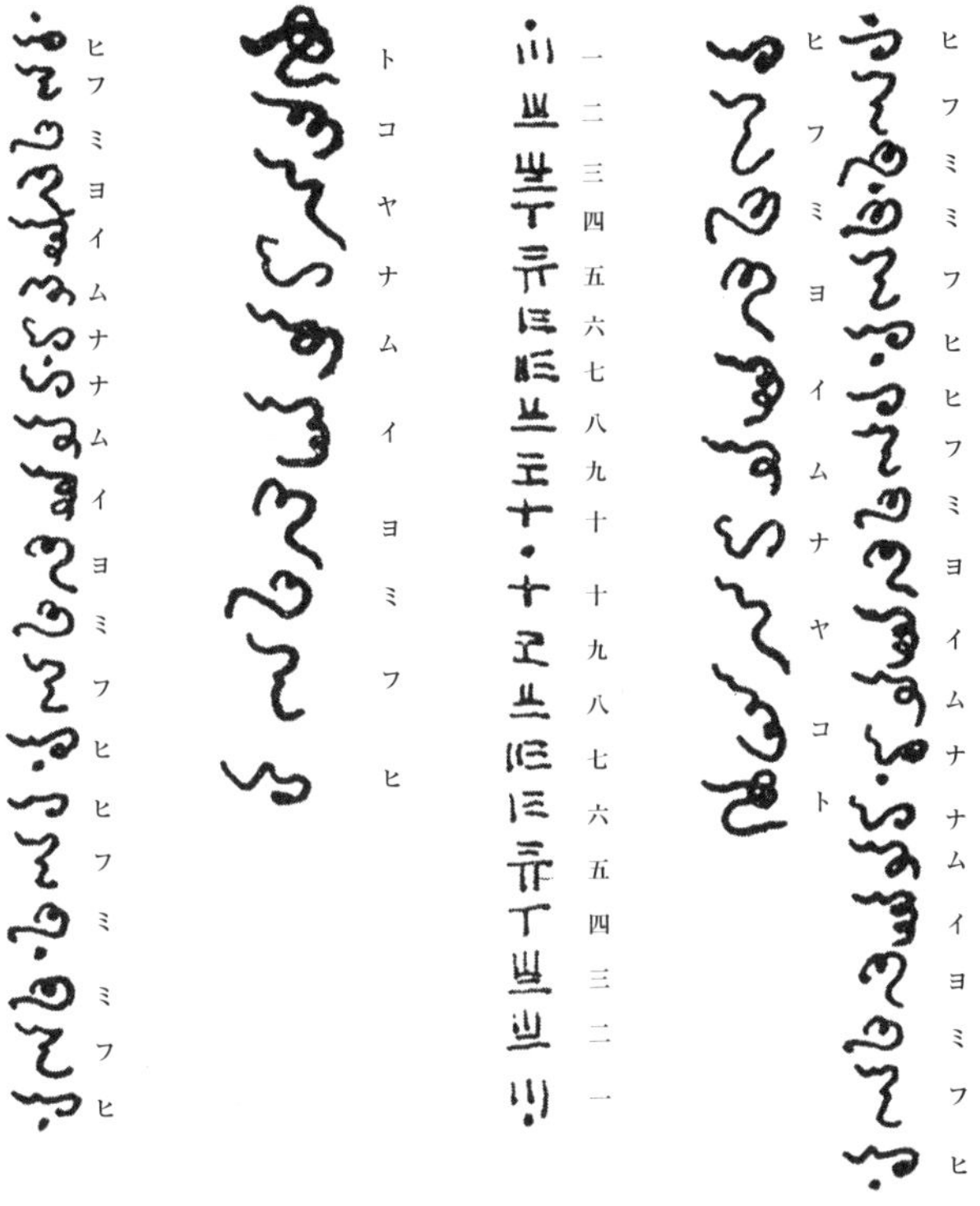
ヒフミミフヒヒフミヨイムナナムイヨミフヒ
ヒフミヨイムナヤコト
一二三四五六七八九十十九八七六五四三二一
トコヤナムイヨミフヒ
ヒフミヨイムナナムイヨミフヒヒフミミフヒ

物部文字

豊国文字《とよくに》

◎『上記』に書かれた二種類の文字

豊後《ぶんご》国大野郡土師《はじ》村（現大分県大野市）の宗像《むなかた》家と、海部《かいふ》郡臼杵《うすき》福良《ふくら》村（現大分

図23

豊国文字（古体象字）

県臼杵市）の大友家にそれぞれ伝わっていたとされる古史古伝『上記《うえつふみ》』で用いられている文字。『上記』の編者は鎌倉時代の豊後国守護・大友能直《おおともよしなお》（一一七二～一二二三）とその家臣団に仮託されてはいるが、その本文には、平田篤胤『古史成文』（文化八年＝一八一一）から引き写した箇所があり、一九世紀になってからの完成であることは間違いない。文面は『古事記』に似ているが、記紀では一代のみの神であるウガヤフキアエズ（ニニギの孫、神武天皇の父）が、七三代にも及ぶ王朝の世襲の称号とされているところに特色がある。

『上記』には二とおりの神代文字が登場する。その一つはニニギの御世に作ら

図24

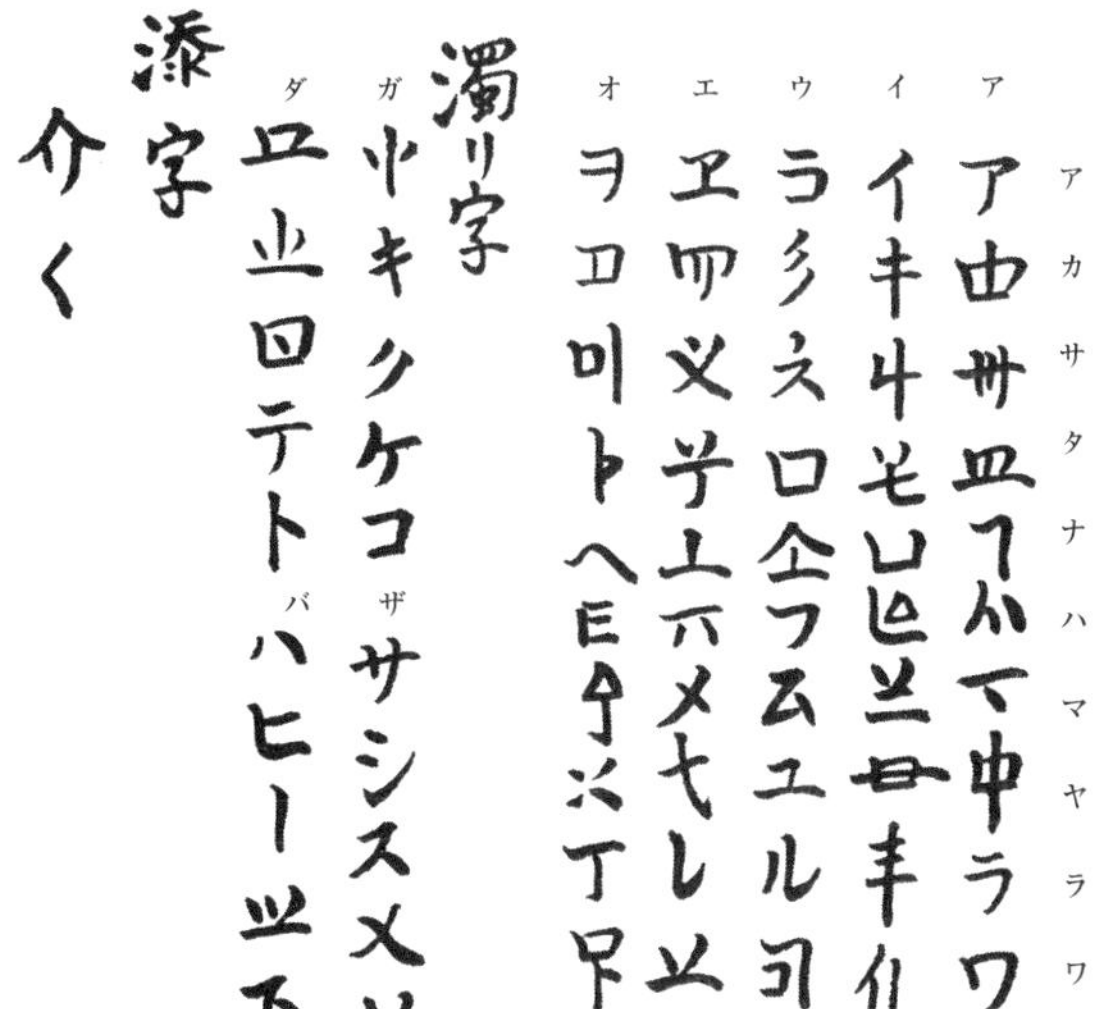

豊国文字（新体象字）

れたという象形文字（図23）。もう一つはウガヤフキアエズ第二代の御世に象形文字を改良したとされるもの（図24）でカタカナと共通の文字を含む（研究者のなかにはこれをカタカナの原形とみなす人もある）。明治の国学者・落合直澄は前者を古体象字、後者を新体象字と名付けているが、実際には前者を後者より古いとする根拠は『上記』本文の主張しかない。

『上記』は幕末期には豊後国内の一部の文人に知られていたが、全国的に知られるようになったのは明治一〇年（一八七七）、大分県士族・吉良義風という人物が『上記鈔訳』という抄訳本を出してからである。しかし、吉良が訳文のみを先行して出版したために『上記』自体を吉良の偽作とする誤解が広まり、豊国文字も悪評判を蒙《こうむ》ることになった。

たとえば、昭和の碩学・山田孝雄《よしお》は『上記』について、「所謂豊国文字という体で、猥雑見るに堪へぬもので、神聖の感など生じうべきもので無いのみならず、言語文章も後世の風のもので、神代のものなどとは思ひもつかぬものである」と酷評した。

◎碑文の発見、サンカとの関係

しかし、山田の印象に反して豊国文字に神聖の感を抱いた人は少なくなかったらしく、大分県内では豊国文字で刻まれた碑文がしばしば発見されている。その代表的なものは日向《ひゅうが》国臼杵郡岩戸村で文政四年（一八二一）に出土したとされる石板（縦約三五センチ、横約四〇センチ、厚さ約八センチ。現存せず）と、一九九九年に大分県東国東《くにさき》郡国東町下成仏の山中で「発見」された巨石の碑文である。

また、大正～昭和初期にかけて、日本各地の山中を渡り歩く謎の民サンカが豊国文字（特に古体象字）によく似た文字を暗号に使っていたという説もある。

さらに北陸地方に越文字と呼ばれる古体象字によく似た文字が流布していたという話もある。これらの話はいずれも豊国文字が真正の古代文字である傍証として、研究者の間で取りざたされてきたものである。

しかし、これらの話の根拠を検討してみるといずれも眉唾なことがわかる。たとえば、二つの碑文について、もともとは古代のものではなく、近・現代の修験者によって彫られたものである。その時期は、地元の人の証言によると、岩戸村の石板は天保年間（一八三〇～一八四四）頃、下成仏の巨石の碑文は昭和三〇年（一九五五）頃であった。

サンカ文字について、その話を流布したのはサンカ小説の大家として知られる三角寛《すみ》（一九〇三～一九七一）だ。三角は実際にサンカのコミュニティーと接触していたらしいが、その報告には多分に創作が交えられており、サンカ文字については『上記』をヒントにした創作の可能性が高い。三角は大分県出身でそのサンカ小説にサンカ文字を登場させる前から『上記』に関心を持っていたのである。

「越文字」なるものは実際に北陸地方で使われていたものではない。それは富山県出身の郷土史家・能坂利雄《のさかとしお》（一九二二〜一九九一）が古史古伝『竹内文書』で用いられている神代文字の一つに与えた呼称である。『竹内文書』では豊国文字は「古文書」本文を記すために使われており、狩野亨吉《かのうこうきち》が論文「天津教古文書の批判」で解読法を示したことは有名だ。そして、その文字は狩野が指摘するとおり、『上記』から『竹内文書』に取り入れられたものだった。だから両者が酷似しているのは当然だったのである。

以上の問題について、くわしくは拙稿「偽史列伝17・『上記』と瓜生島沈没伝説」を参照されたい。

◎海外の古代文字との類似

さて、先に日文草書《ひふみそうしょ》について、その起源を海外の実在の古代文字に求める説があることに触れたが、豊国文字についても同様の議論がある。

特に面白いのは徳政金吾『古代埃及《エジプト》と日本』(一九三二)で展開された議論である。徳政によると、日本神話の高天原は古代エジプトにあり、日本とは神官に率いられた民がはるばるエジプトの地から渡来して建てた国なのだという。徳政は神話・風俗・言語などさまざまな側面から古代エジプトと日本を比較しているのだが、その一つの例に文字をも取り上げている。すなわち、徳政によると、豊国文字はエジプトのヒエログリフ(神官文字)の変形にほかならないというわけだ。徳政はその考証のためにヒエログリフを五十音図の形に整理し、豊国文字の五十音図と対比している。

また、鹿島曻は、紀元前三世紀頃のインドで用いられたブラフミー文字、カローシティー文字に豊国文字と一致するもの、類似するものがあるとして、この文字は古代インドのサカ族がシルクロードから日本列島に渡来して運んだものだとする。

徳政説、鹿島説ともスケールが大きくロマン溢れる説ではあるが、古代エジプトや古代インドの音韻は日本とは当然異なっており、五十音図で表せる豊国文字とそう簡単に結びつくものではない。特に徳政の場合、古代エジプト語を表記するための文字をむりやり五十音図にしたためにその選択は恣意的なものになっており、あらかじめ豊国文字に似ている字を探してあてはめたとの感はぬぐいきれない。

しかし、神代文字がはらむ問題の複雑さを考えていただくためにあえてここに取り上げる次第である。

神代文字練習帳 9

つぎの豊国文字を読んでみましょう。巻末の表16（古代象字）を参照してください。

問1

＊ヒント　『上記』に記された王朝の世襲名

（答・ウカヤフキアエス）

問2

＊ヒント　豊国文字が用いられている書

（答・ウエツフミ『上記』）

問3

表17（新体象字）を参照して読んでみましょう。

＊ヒント　『上記』編者とされる人物

（答・オオトモヨシナオ　大友能直）

『竹内文書』の神代文字

◎富山にあった古代王朝

『竹内文書』は皇祖皇太神宮《こうそこうたいじんぐう》の宮司家・竹内家に伝わったと称する文献・神宝の総称である。皇祖皇太神宮は人類発祥以来の歴史を誇る古社でもともと現富山県富山市久郷《くごう》の地にあったがいったん廃絶、明治末期に竹内巨麿《きよまろ》（一八七五〈自称〉～一九六五）が現茨城県磯原市の地で再興したという。

久郷の地は太古世界の首都であり、『日本書紀』本文で始原神とされるクニノトコタチも、『古事記』で始原神とされるアメノミナカヌシもかつての皇祖皇太神宮の地に都した太古の天皇にほかならないとされる。

◎代々文字を作り続けた文明？

吾郷清彦は『竹内文書』を「古代和字の宝庫」と評した。たしかに『竹内文書』

図25

神人神星人像形文字

に収められている神代文字は数多い。歴代の太古天皇はその在世中に新しい文字を作るならわしでもあったかのようで、そのなかには日文真字《ひふみまな》・草書《そうしょ》や豊国《とよくに》文字の旧字・新字などメジャーなもののほかに、『竹内文書』以外の類例がないものまで数多く含まれている。

『竹内文書』の決定版といわれる『神代の万国史・増補版』を見ると、五十音図の形にととのえられた文字だけで三八種類。そのほかにもわずかな字しか残っていない文字群もある。

図26

テントヨ文字

図27

トヨノ文字

図28

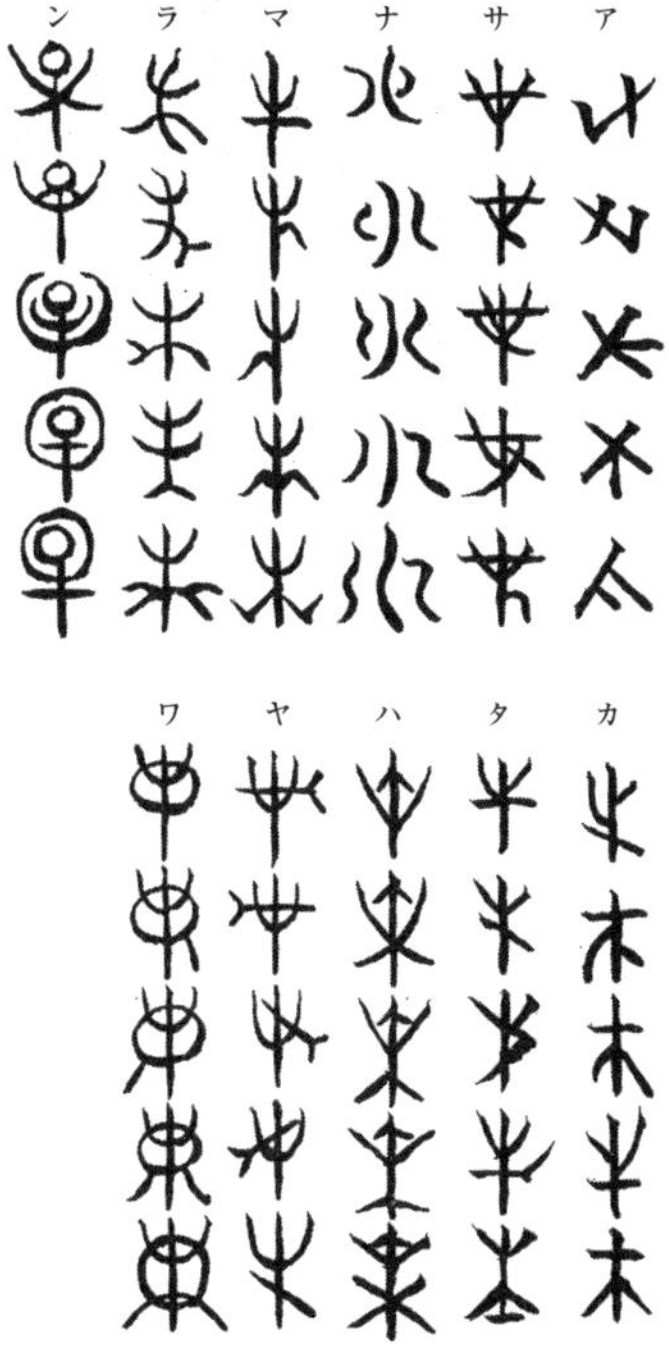

クイボク文字

さらに吾郷の著書に、皇祖皇太神宮の神官・武山神龍から提供されたとして紹介した文字には『神代の万国史』に掲載されていないものまで含まれている。

ところが『竹内文書』で文書・神符・器物に用いられた文字を見ると、その種類はごく限定されている。それは日文真字・草書、豊国文字の旧字・新字にほぼ限られているといってよいのだ（ただしピラミッド御神体石では例外的にモリツネ文字が用いられている。モリツネ文字の項参照）。

つまり、『竹内文書』に記された太古天皇の文明は、用いられることのない文字の五十音図ばかりをせっせと作り続けていたことになる。それはかなり奇矯なものであろう。

◎実在の古代文字に似ている理由

ちなみに『竹内文書』に含まれる「古文書」がいずれも明治以降（おそらくは昭和期）の偽作であることは狩野亨吉《かのうこうきち》の論文「天津教古文書の研究」が見事に解明したところである。そのなかには豊国文字の旧字で書かれた文書も含まれている。

図29

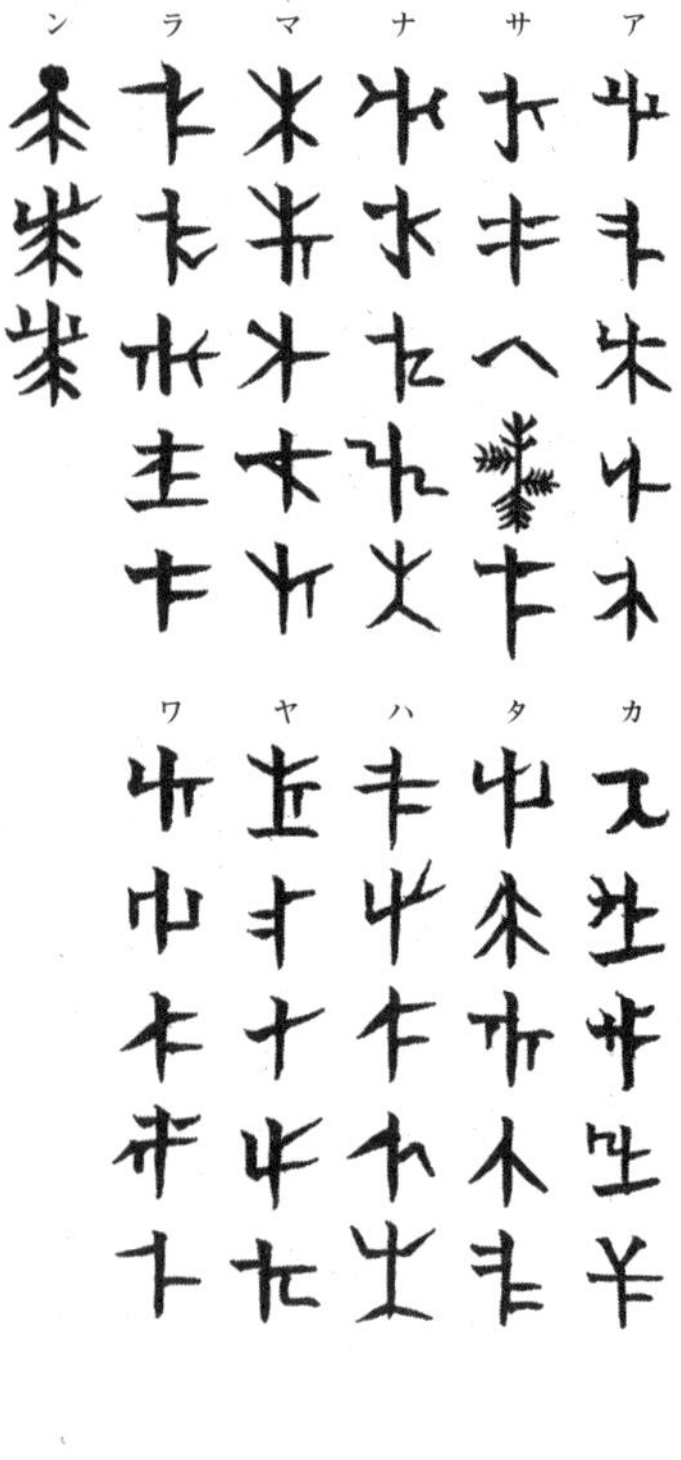

モモノ木文字

図30

クサビ文字

また、『竹内文書』信奉者のなかには、世界中のあらゆる文字が皇祖皇太神宮の神代文字に起源すると説く人もある。その根拠は、太古天皇が世界を統治していたという記述と、伝わったとされる神代文字の数の多さ、そしてその神代文字の形状に実在の古代文字を思わせるものがある、ということである。

しかし、『竹内文書』が近代の偽作となれば、当然、この説はなりたたない。その神代文字のなかに実在の古代文字と似たものがあるのは、むしろ実在の古代文字をモデルに神代文字が作られ続けたことを示す、とみなすべきだろう。

『東日流外三郡誌《つがるそとさんぐんし》』の「古代文字」

◎東北の村興しの期待を担う

青森県五所川原市の和田喜八郎（一九二七〜一九九九）の家に伝わったとされる「和田家文書」には多数の古代文字が含まれていたという。

和田家文書は、喜八郎の祖先である和田長三郎吉次《よしつぐ》と、その義兄・秋田孝季《たかすえ》が寛政年間（一七八九〜一八〇一）頃に全国を巡って集めた伝承・資料をもとに編纂した津軽の歴史という触れ込みであった。それが全国的に知られるようになったきっかけは、一九七五年、「和田家文書」の一つ『東日流外三郡誌《つがるそとさんぐんし》』の一部が青森県市浦村（現在は五所川原市に合併されている）の村史資料編として活字化されてからだ。『東日流外三郡誌』はＮＨＫをはじめとするさまざまなマスコミにとりあげられ、東北地方の多くの自治体がその記述に町興し・村興しのタネを求めようとした。

ところが、一九九九年三月、青森古文書研究会が記者会見を行い、「和田家文書」

の筆跡が和田喜八郎のものと一致することを発表。やがて、「和田家文書」の記述が考古学・歴史学的事実と食い違っていること（「和田家文書」が考古学によって裏付けられると主張した論者もあるが、調べてみるとそういった記述はいずれも新聞などの考古学関係報道を受けて書き足されたものだった）、「和田家文書」の多くの絵が昭和期の画集からまとめて引き写されたものであること、その内容が郷土史家からの聞き書きや新聞・雑誌・一般向け書籍・テレビなどから寄せ集めたものであること、和田長三郎吉次と秋田孝季は架空の人物で和田家が旧家ではなかったこと、和田の家に多数の文書を隠すスペースそのものがなかったこと、などが明らかにされ、現在では「和田家文書」が和田喜八郎の創作であることに疑う余地はない。

ちなみにNHKで『東日流外三郡誌』と喜八郎が登場するテレビ番組をいくども製作担当した永田浩三プロデューサーは二〇〇六年三月、取材不十分なまま偽書を宣伝したことに対する反省文を公表している。

◎笑える創作文字のかずかず

さて、『東日流外三郡誌』の「古代文字」は大きくわけて、地面に石を置いて示す記号（図31）、縄を結んで示す記号（図32）、語部《かたりべ》が覚書に用いたという文字（図

図31

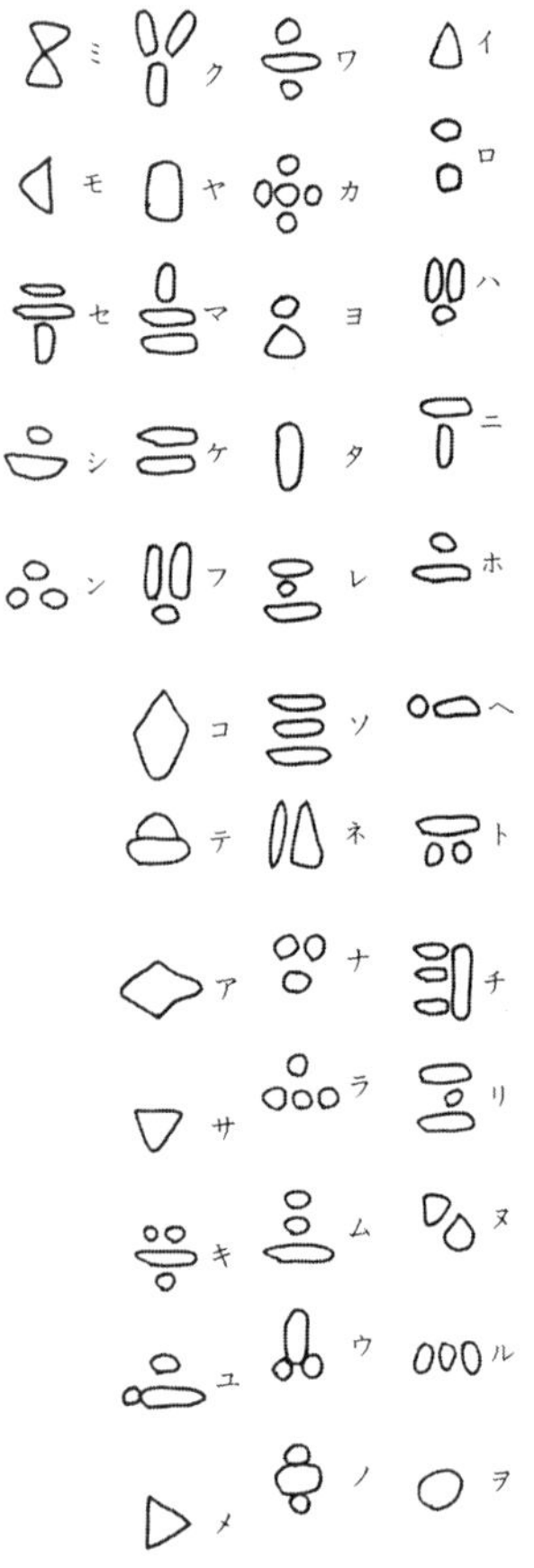

阿曽部《あそべ》族石置伝法

33・図34）の三とおりである。また、そのそれぞれに表音文字あり、表意文字ありで種別に富んでいる。また、『東日流外三郡誌』以外の「和田家文書」にはヲシテ（秀真《ほつま》文字）を用いた例もある。

しかし、作者の性格を反映してか、「和田家文書」の「古代文字」は独創性に欠けており、デザイン的な面白みは希薄である。

そのなかで例外的に楽しいのは鳥形文字（図37）であろう。これはカラスなどの鳥が羽ばたく姿で音節を表現し、いろは歌順に配列したものだ。なかにナスカ地上

図32

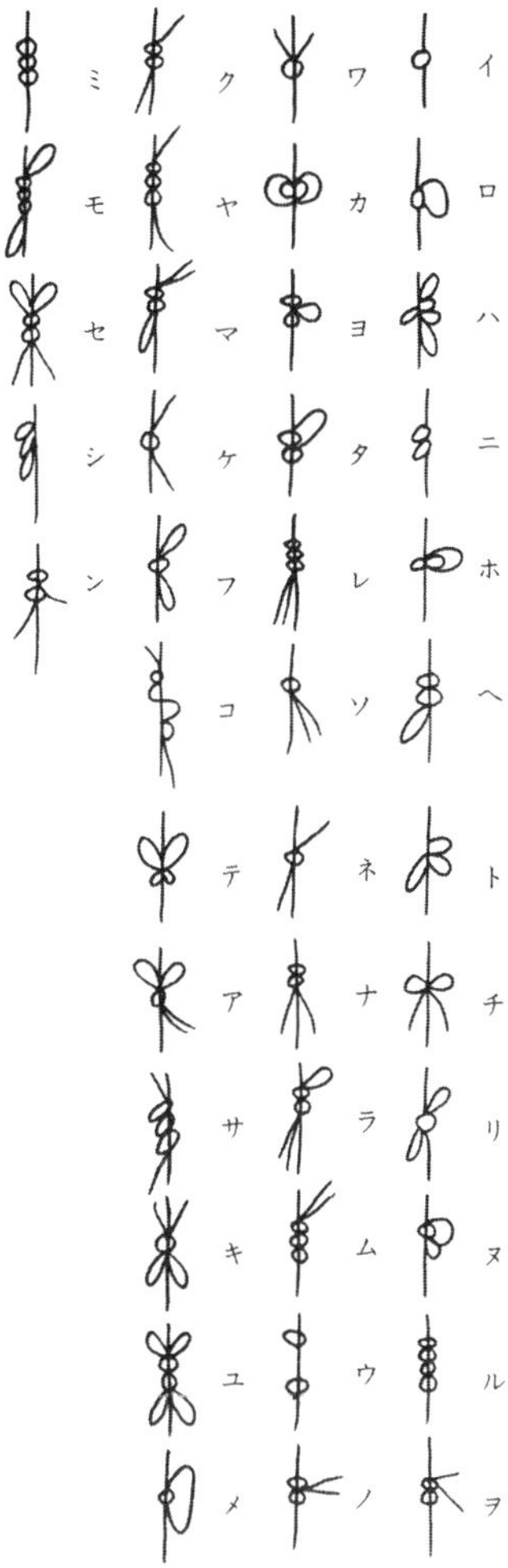

阿曽部族縄結伝法

絵のハチドリの絵に似た文字があるのはご愛嬌だろう。南米ペルーに広がるナスカ平原、その大地に古代人が描いた地上絵は、謎の古代遺跡として幾度となくテレビ、雑誌などに取り上げられた。それらは同じ平面に立って見る限りはただの線に過ぎず、飛行機から眺めてようやくその絵としての全貌が把握できるのだ。そのため宇宙人の交通標識という奇説を大真面目《おおまじめ》に唱える人もあった。

和田喜八郎はその種の奇説を好んでいたようで、「和田家文書」には江戸時代の文書という触れ込みなのに、アトランティスやムー大陸が登場するものまである。鳥形文字に紛れ込んだナスカ地上絵も、喜八郎のそうした趣味の反映といえよう。

そこに和田喜八郎という人物のユーモアを見出すこともできよう。この程度の偽作にだまされる人々を彼は内心、笑っていたかもしれない。

図33

いろはにほへとちりぬるをわかよたれそねならむうのくやま
けふこてあさきゆめみしもせん
だぽ　音の例は上下点を記す。

語部略文字

図34

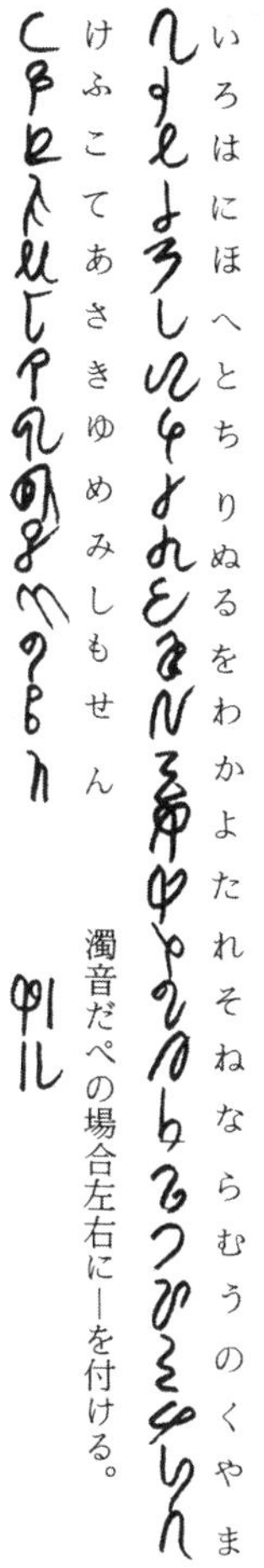

語部本文字

図35

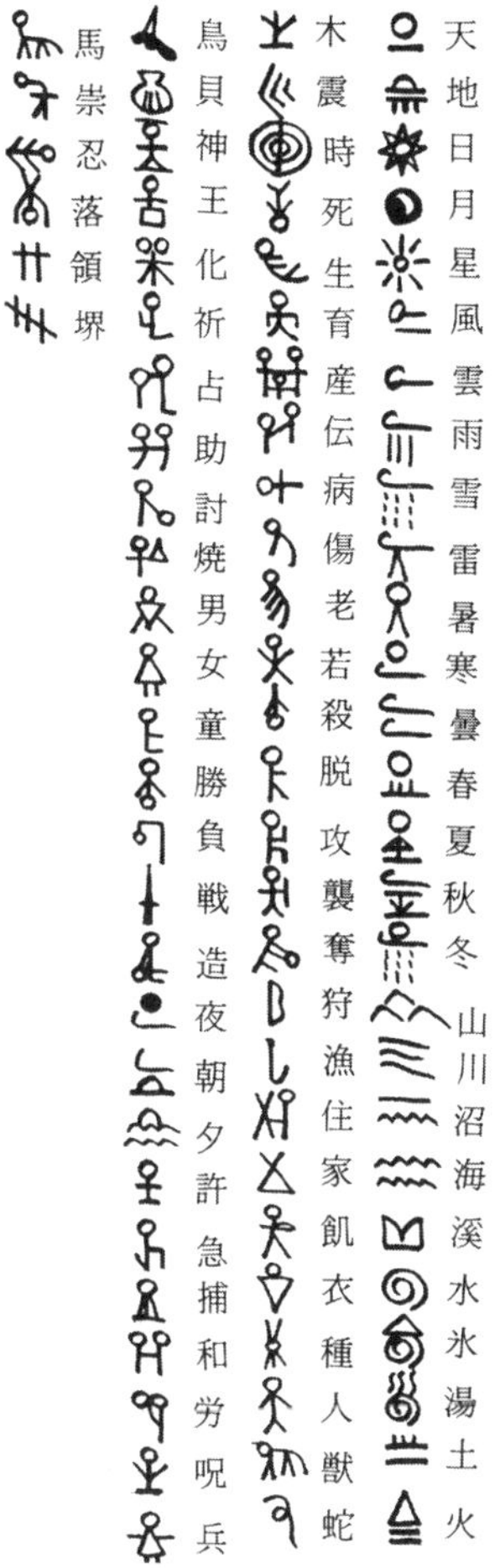

荒吐《あらはばき》族の象形文字

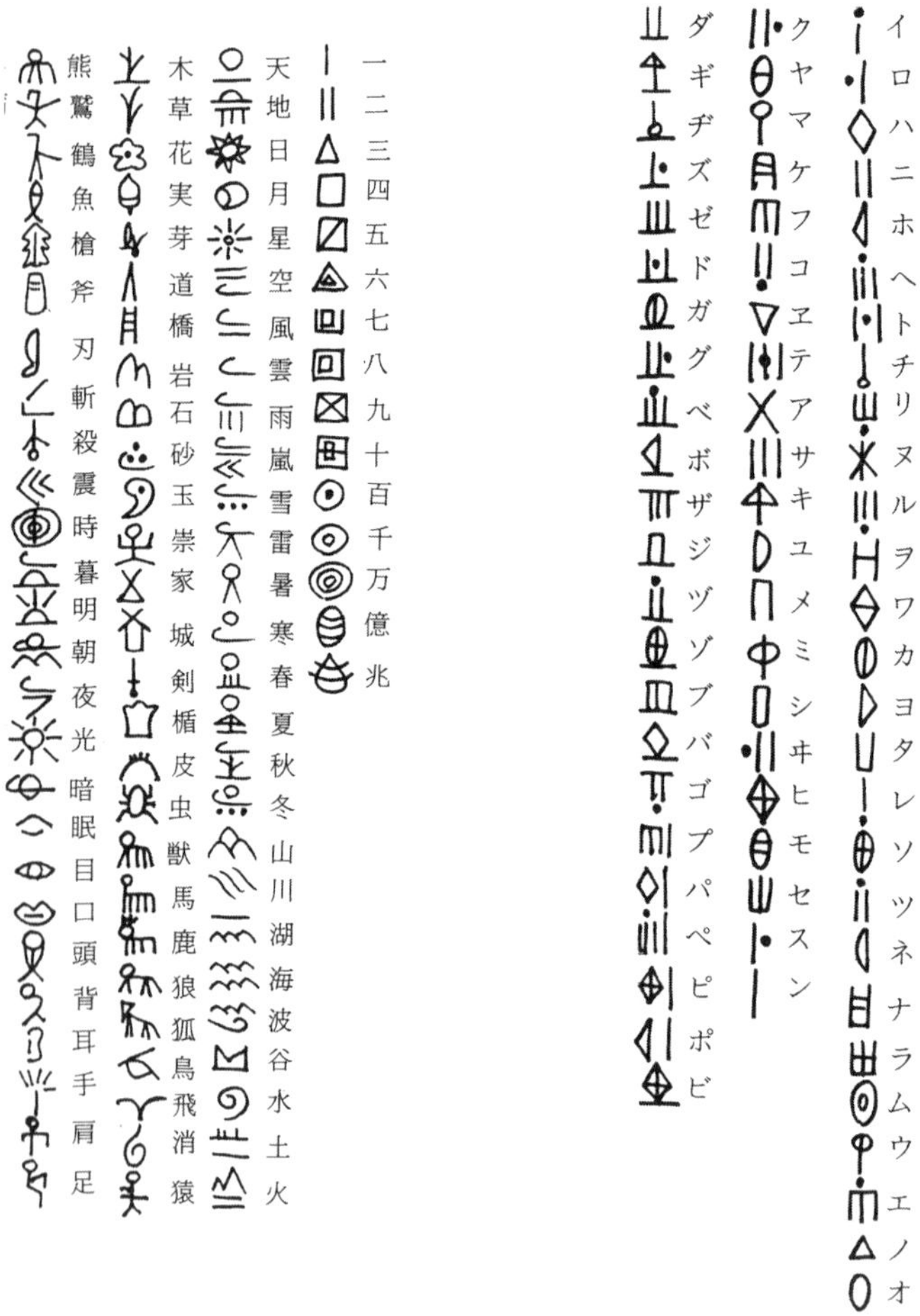
イロハニホヘトチリヌルヲワカヨタレソツネナラムウエノオ
クヤマケフコヱテアサキユメミシヰヒモセスン
ダギヂズゼドガグベボザジヅゾブバゴプパペピポビ
一二三四五六七八九十百千万億兆
天地日月星空風雲雨嵐雪雷暑寒春夏秋冬山川湖海波谷水土火
木草花実芽道橋岩石砂玉崇家城剣楯皮虫獣馬鹿狼狐鳥飛消猿
熊鷲鶴魚槍斧刃斬殺震時暮明朝夜光暗眠目口頭背耳手肩足

図36

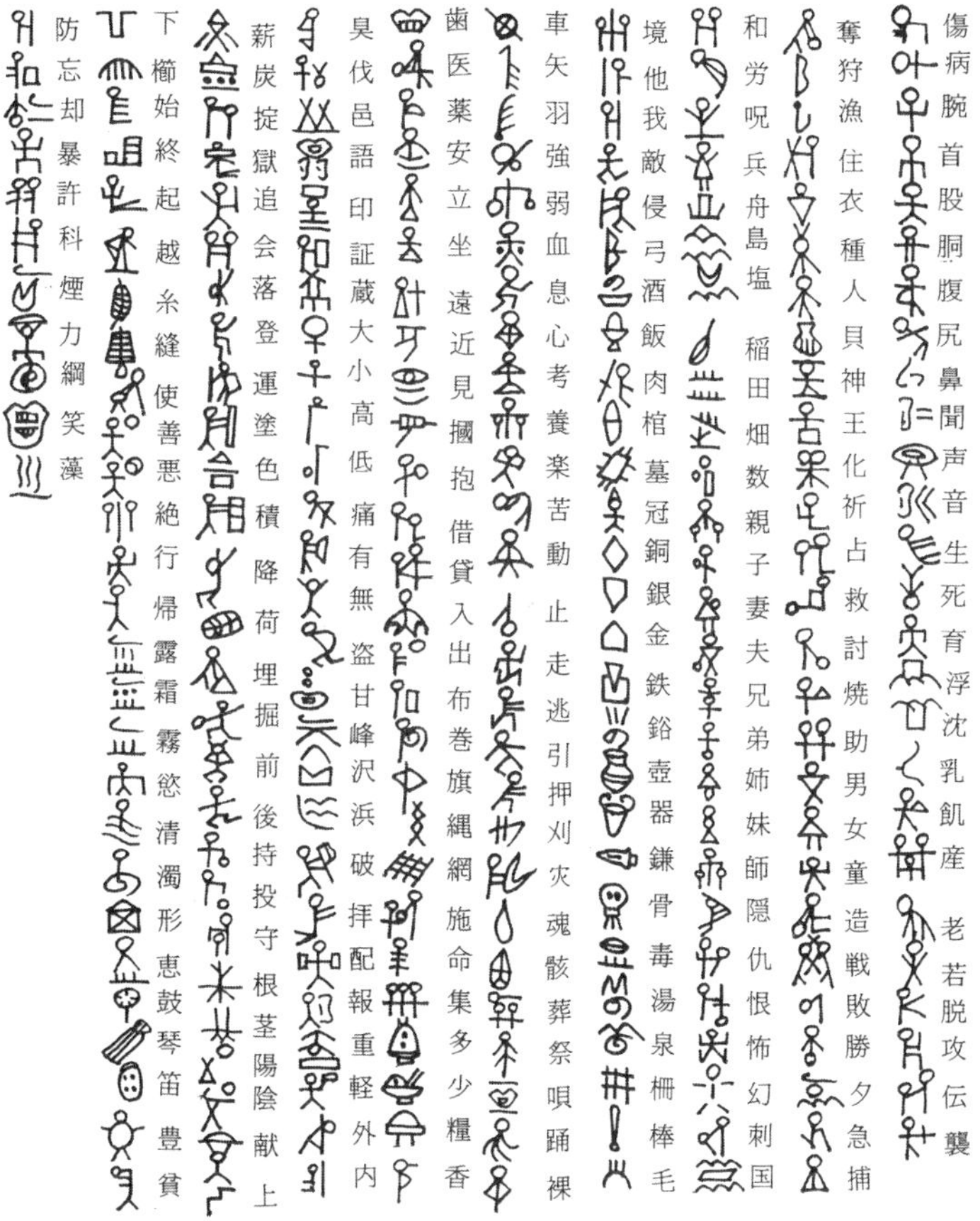
傷病腕首股胴腹尻鼻聞声音生死育浮沈乳飢産 老若脱攻伝襲
奪狩漁 住衣種人貝神王化祈占救討焼助男女童造戦敗勝夕急捕
和労呪兵舟島塩 稲田畑数親子妻夫兄弟姉妹師隠仇恨怖幻刺国
境他我敵侵弓酒飯肉棺墓冠銅銀金鉄鉛壺器鎌骨毒湯泉柵棒毛
車矢羽強弱血息心考養楽苦動 止走逃引押刈灾魂骸葬祭唄踊裸
歯医薬安立坐 遠近見攌抱借貸入出布巻旗縄網施命集多少糧香
臭伐邑語 印証蔵大小高低痛有無 盗甘峰沢浜破拝配報重軽外内
薪炭掟獄追会落登運塗色積降荷埋掘前後持投守根茎陽陰献 上
下櫛始終起越糸縫使善悪絶行帰露霜霧慾清濁形恵鼓琴笛 豊貧
防忘却暴許科煙力綱笑藻

荒吐族語文字

図37

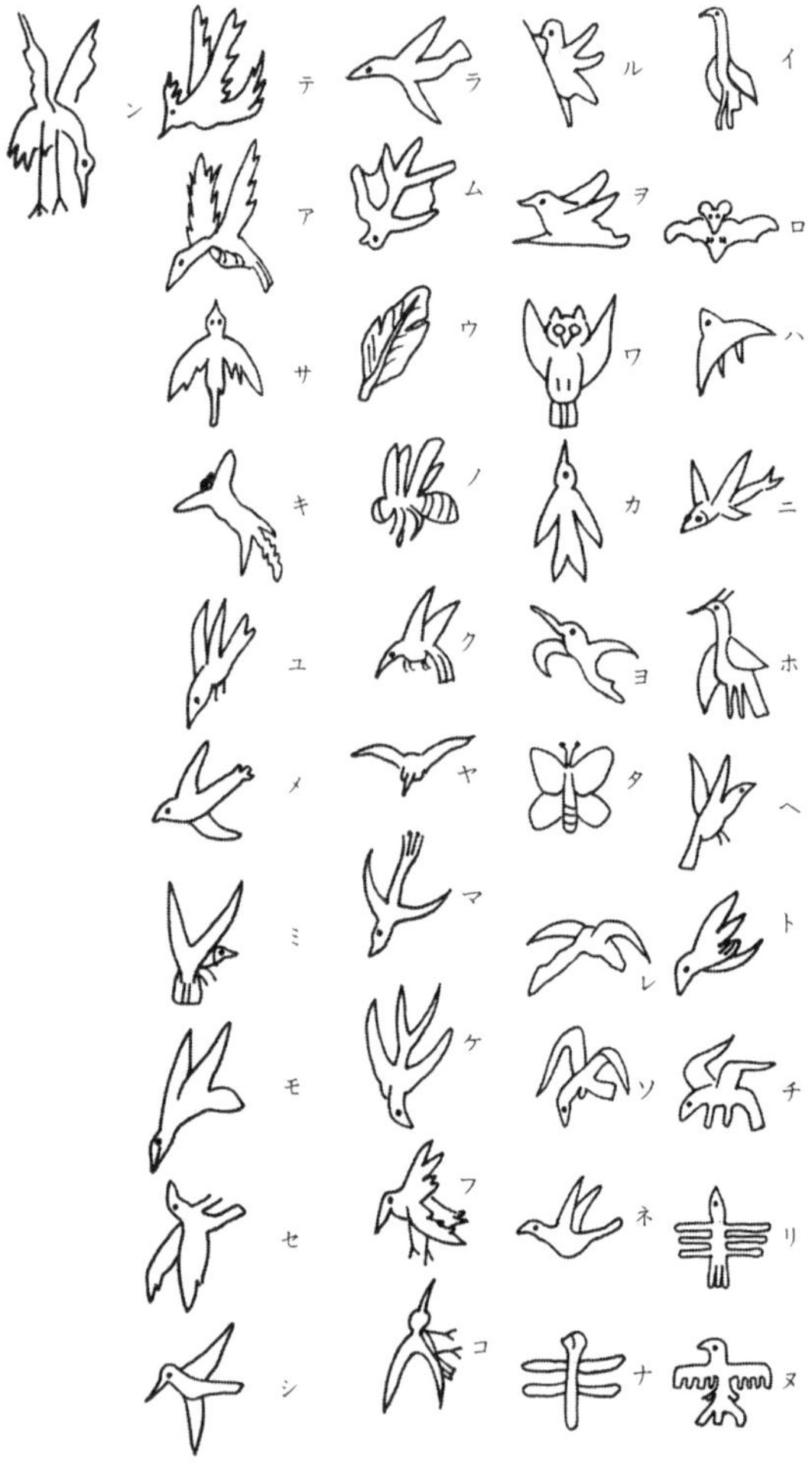

阿曽部族岩刻文字（鳥形文字）

神代文字練習帳 10

『東日流外三郡誌』の文字を読んでみましょう。

問1 巻末の表24「阿曽部族石置伝法」を参照してください。

＊ヒント 『東日流外三郡誌』の主神

（答・アラハバキ　荒吐）

問2 巻末の表25「阿曽部族縄結伝法」を参照してください。

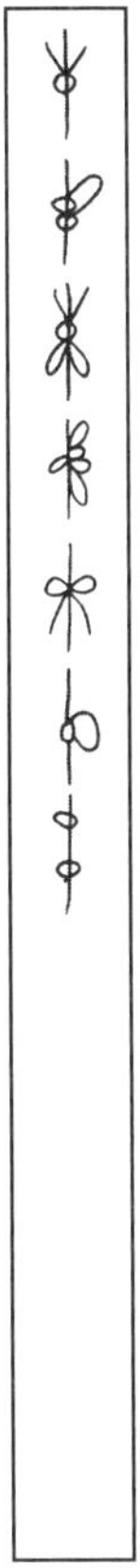

＊ヒント 『東日流外三郡誌』の発見者？

（答・ワダキハチロウ　和田喜八郎）

問3 巻末の表26「阿曽部族岩刻文字」を参照してください。

＊ヒント 本州最北端

（答・アオモリケン　青森県）

『九鬼《くかみ》文書』の神代文字

◎大中臣氏の末裔に伝わったとされる文書

『九鬼文書《くかみもんじょ》』は大中臣《おおなかとみ》氏の末裔で修験道宗家・熊野別当の子孫ともいう九鬼家に伝わったとされる文書のことである。神道研究家の三浦一郎（一九〇四～一九七五）は九鬼隆治《たかはる》子爵（一八八六～一九八〇）の依頼を受け、昭和一六年（一九四一）に『九鬼文書の研究』を著した。

ところが、この書籍は回収処分（現在は八幡書店より復刻）となり、三浦は論壇の袋叩きにあったうえ、特高警察の取調べまで受けた。

この時期、戦前最大の新興宗教・大本《おおもと》が特高の弾圧を受けていたが、『九鬼文書』には大本の教義に似た記述があったため、当局にマークされたのである。

さらに、九鬼子爵はほかの家に伝わった文書や伝承まで九鬼家のものと称して三浦に提供していたことがわかって、以後、三浦は九鬼家から距離を置くようになったという。

◎八種の文字

『九鬼文書の研究』には、八種類の神代文字が収められている。以下、三浦による呼称とその内容を示そう。

1、原体文字……日文真字《ひふみまな》の五十音図

2、形態文字……豊国《とよくに》文字・古字の五十音図

3、草体文字……『九鬼文書』独自の文字の五十音図。後に吾郷《あごう》清彦は「カスガモジ」と命名（図38）。

4、変態文字（一）……日文草書と阿波文字を併記した五十音図

図38

カスガモジ（草体文字）

5、変態文字（二）……日文草書。ア・カ・サの三行分のみ。

6、改態文字……豊国文字・新字の五十音図

7、濁音文字および数文字……濁音文字は豊国文字・新字の濁音にさらに濁点をうったもの。数文字は1〜3までが漢字と同じ。4〜12は独自の文字。

8、九鬼神宝より録したる神字秘遍……3の草体文字と豊国文字・旧字を併記した五十音図。（図39）

以上、独自といえるのは3と8の「草体文字」のみということになるだろう。

なお、数文字が1から12までということ

図39

カスガモジ（九鬼神宝より録したる神字秘遍）

は12進法が想定されていた可能性をうかがわせて興味深いものがある。

さて、三浦が九鬼家から離れた後、隆治は新たに武道家の高松寿嗣に九鬼家の秘伝なるものの書写を許した。それを「天津蹈鞴秘文遍《あまつたたらひふみへん》」という。これには修験道の呪法に用いるためのさまざまな文字が収められているという。その一部は吾郷清彦が著書『九鬼神伝全書』において一般向けに公開した。

神代文字練習帳 11

『九鬼文書』の文字を読んでみましょう。巻末の表27「カスガモジ（草体文字）」を参照してください。

問1

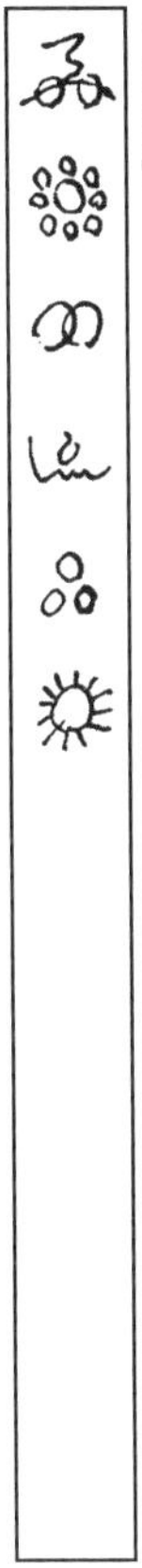

＊ヒント　この文字とほぼ同じ

（答・トヨクニモジ　豊国文字）

問2

＊ヒント　『九鬼文書の研究』の著者

（答・ミウライチロウ　三浦一郎）

『富士宮下《ふじみやした》文書』の「古代文字」

◎象形文字というより絵文字

『富士宮下文書《ふじみやしたもんじょ》』の一点「神代分事《かみつよのことわけ》」に記された絵文字。高天原《たかまがはら》文字、アソヤマモジ（阿曽山文字）などとも呼称される。一九六八年、岩間尹《ただし》（一八八五～一九八六）が著書『日本古代史』で紹介して以来、研究者の間で知られるようになった。

具体的な物の形を模した符牒で、岩間はこれを「象形文字」とみなしているが、むしろ絵文字といったほうが適切であろ

図40

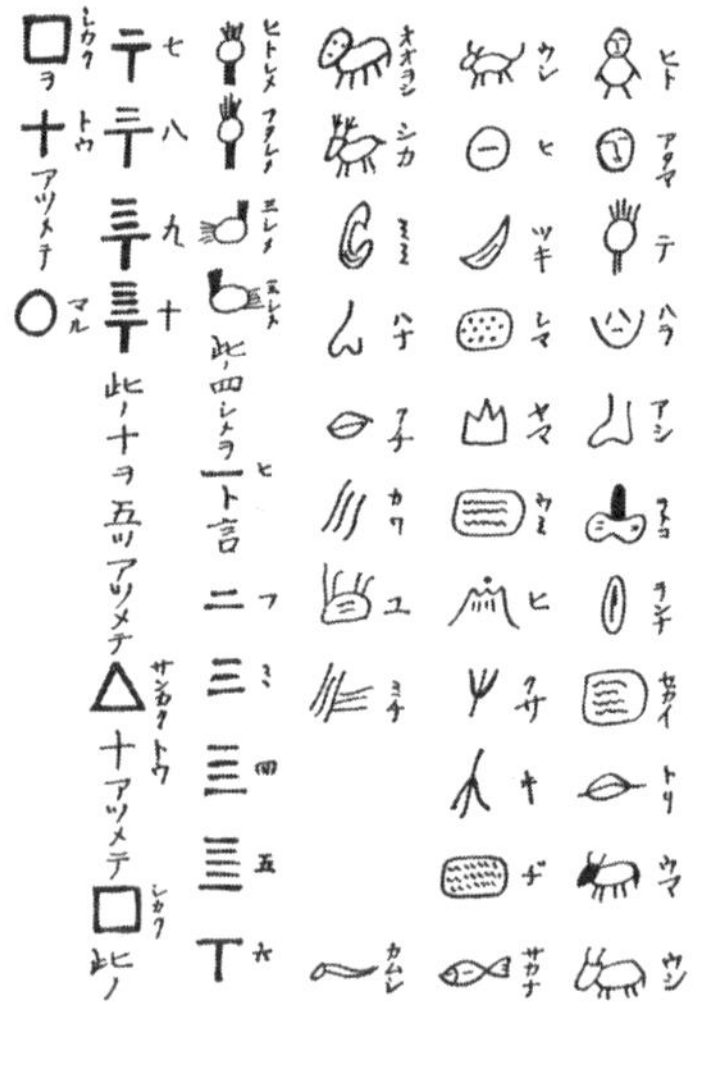

アソヤマモジ

う。テキストに読み仮名が付されてはいるが、岩間はこれらの文字は当時の言語によって読みなされたものとみなしている。

神代の神々は、薪を焼いて炭となし、その粉を魚油で練り固め、石で摺った液を、先を噛み砕いた竹の先につけて、木の葉、竹の身、竹の葉、貝殻、石などにこの文字を書き記したという。つまり筆と墨の起源は神代にまでさかのぼるというわけだ。

やはり『富士宮下文書』に含まれる「開闢《かいびゃく》神代暦代記」によると、神々が墨と筆を発明したのは「天之世」と呼ばれる世代。この世代の神々は日本列島ではなく、天竺《てんじく》にいたとされる（『富士宮下文書』の「天竺」はインドではなくパミール高原方面ともいう）。

◎豊国文字と似ている理由

『富士宮下文書』は富士北麓の阿祖山《あそやま》大神宮に伝わったとされる文献群。阿祖山大神宮が衰微してからは、その宮司家で明見村《あすみ》（現山梨県富士吉田市大明見）の庄屋でもあった宮下家の歴代が守り続けたという。しかし、現存テキストは近代の偽作を多く交えている。

特に『富士宮下文書』のウガヤフキアエズ王朝に関する記述は、明治期に『上記《うえつふみ》』

の影響でつけくわえられたものだという（藤野七穂氏の研究による）。

加茂喜三は「神代分事」の文字が表音文字化して、『上記』の豊国文字になったとみなす。しかし、実際には、豊国文字が『富士宮下文書』に取り入れられた結果、その原型として想定された符牒が「神代分事」に書き記されたものであろう。

神代文字練習帳 12

『竹内文書』の文字を読んでみましょう。

問1 巻末の表18「神人神星人像形文字」を参照してください。

＊ヒント　『日本書紀』に記された始原神

（答・クニノトコタチ）

問2 巻末の表19「テントヨ文字」を参照してください。

＊ヒント　皇祖皇太神宮を再興

（答・タケウチキヨマロ　竹内巨麿）

問3 巻末の表20「トヨノ文字」を参照してください。

＊ヒント　『古事記』に記された始原神

（答・アメノミナカヌシ）

伊勢神宮の神代文字文書

◎歴史上の有名人物が総登場

伊勢神宮には多数の神代文字文書が奉納されているという風説は、昭和初期頃か

図41

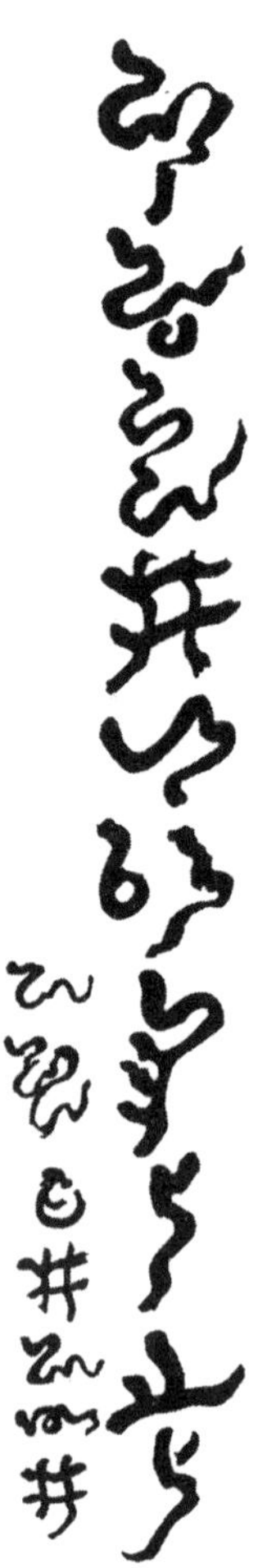

藤原不比等

図42

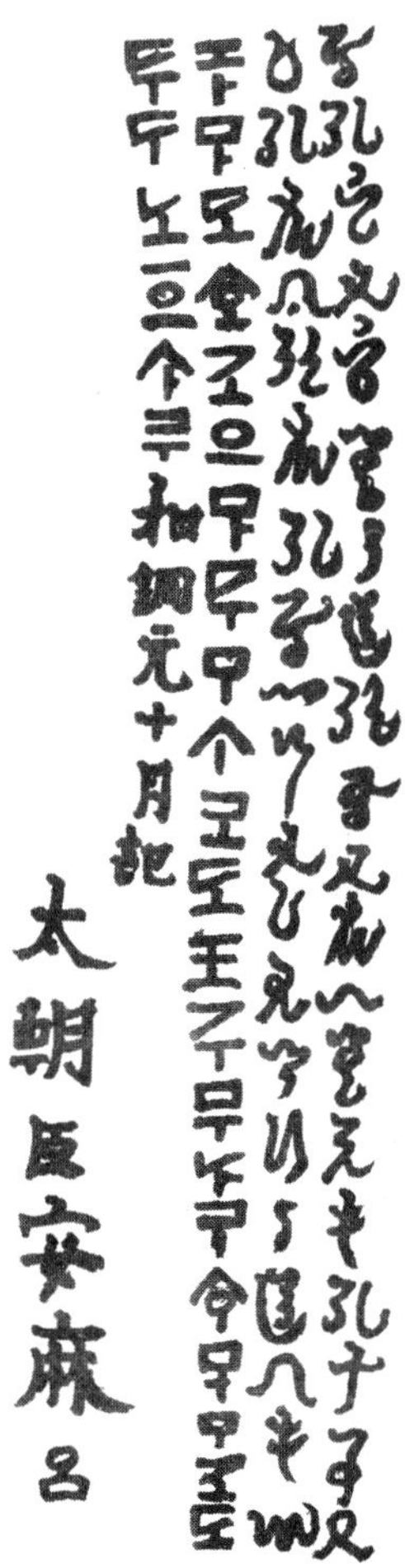

太安麻呂

ら神代文字実在論者の間でしばしば語られてきたところである。その全容は一九七七年、丹代貞太郎《にしろていたろう》・小島末喜《こじますえき》の両氏により、書籍の形で公表された。

丹代氏によると、その文字の所在は神宮文庫で、全九九点。用紙は美濃紙（高級和紙）、一点ごとの大きさは家庭用の掛軸くらいで、内一二点は長さ約一・五メートル、幅五〇センチほどの大きなものである。

全体の七〇パーセントは文字の輪郭だけを写し取った白抜きの籠《かご》文字、三〇点ほどは朱や墨で籠文字の中を埋めている。

図43

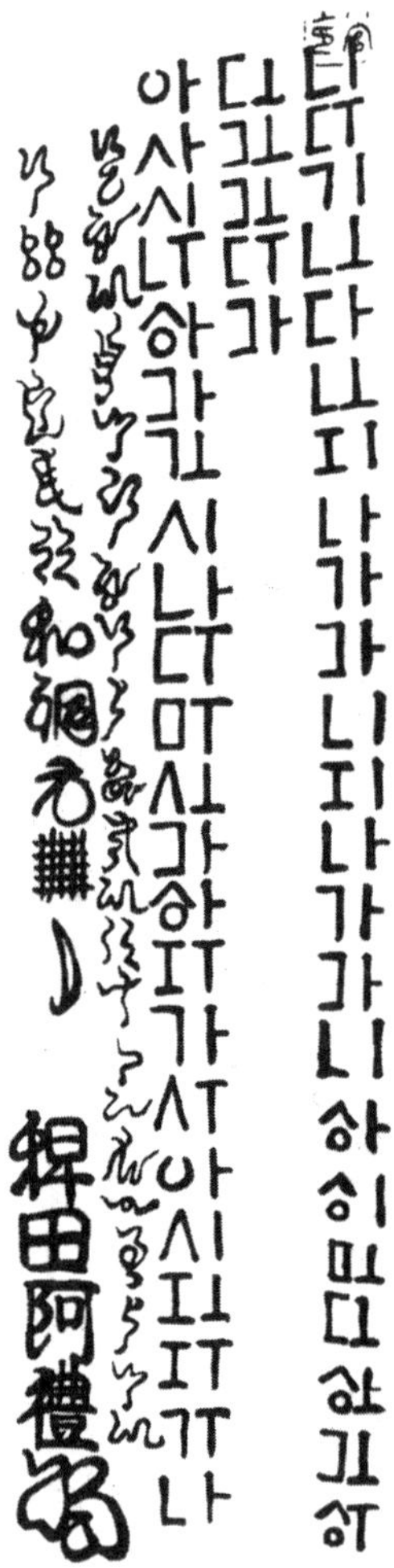

稗田阿礼

署名を見ると、中臣鎌足《なかとみのかまたり》、藤原不比等《ふじわらのふひと》、稗田阿礼《ひえだのあれい》、太安麻呂《おおのやすまろ》（『古事記』編者）、舎人親王《とねりしんのう》（『日本書紀』編者）、弓削道鏡《ゆげのどうきょう》、和気清麻呂《わけのきよまろ》、菅原道真《すがわらのみちざね》、平将門《たいらのまさかど》、源《みなもとの》義《よし》経《つね》、後醍醐《ごだいご》天皇などそうそうたる顔ぶれである。

文字のうちわけは次のとおり。

日文草書《ひふみそうしょ》五七点、日文真字《ひふみまな》一六点、種子《たねこ》文字六点、阿波《あわ》文字六点、絵文字五点、十二支文字四点、斎元道（江戸時代の神道の一流派）の神符一点、数文字一点、漢字一点（「道鏡法師」の署名あり）。

◎個人コレクションの写し、オリジナルはどこに？

もっとも古代や中世の人物の署名があるとはいっても、これらはいずれも古いものではない。山田孝雄《よしお》は神宮皇学館館長時代にこれらの文字について調査し、明治初年（一八八六）頃に国学者で維新の志士であった落合直亮《なおすけ》が一括して作ったものであるのを明らかにした。落合は明治六年に神宮教院の創設者でもある。明治一五

図44

弓削道鏡

図45

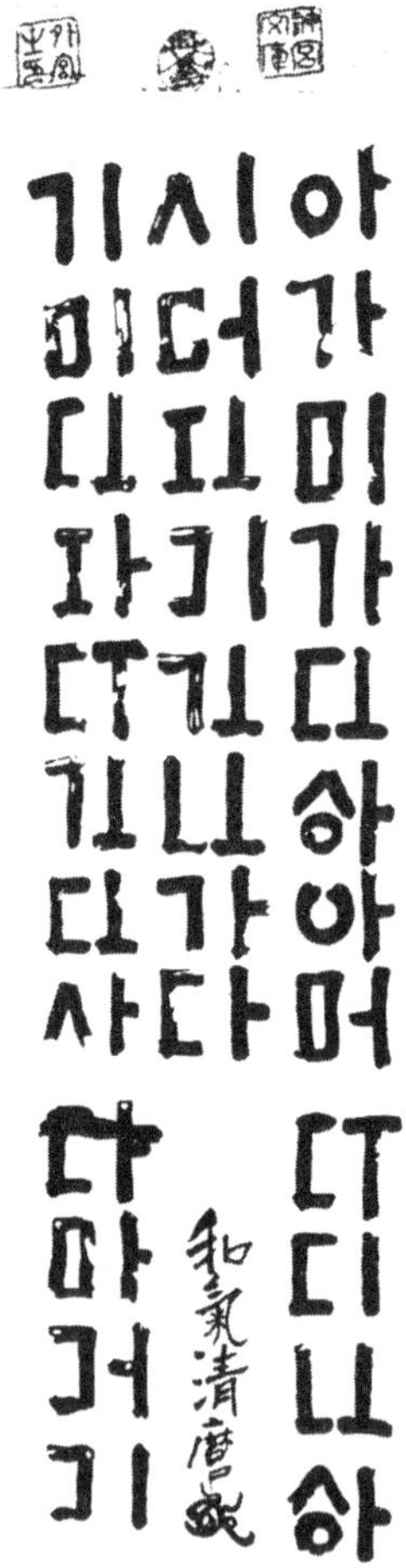

和気清麻呂

図46

菅原道真

図47

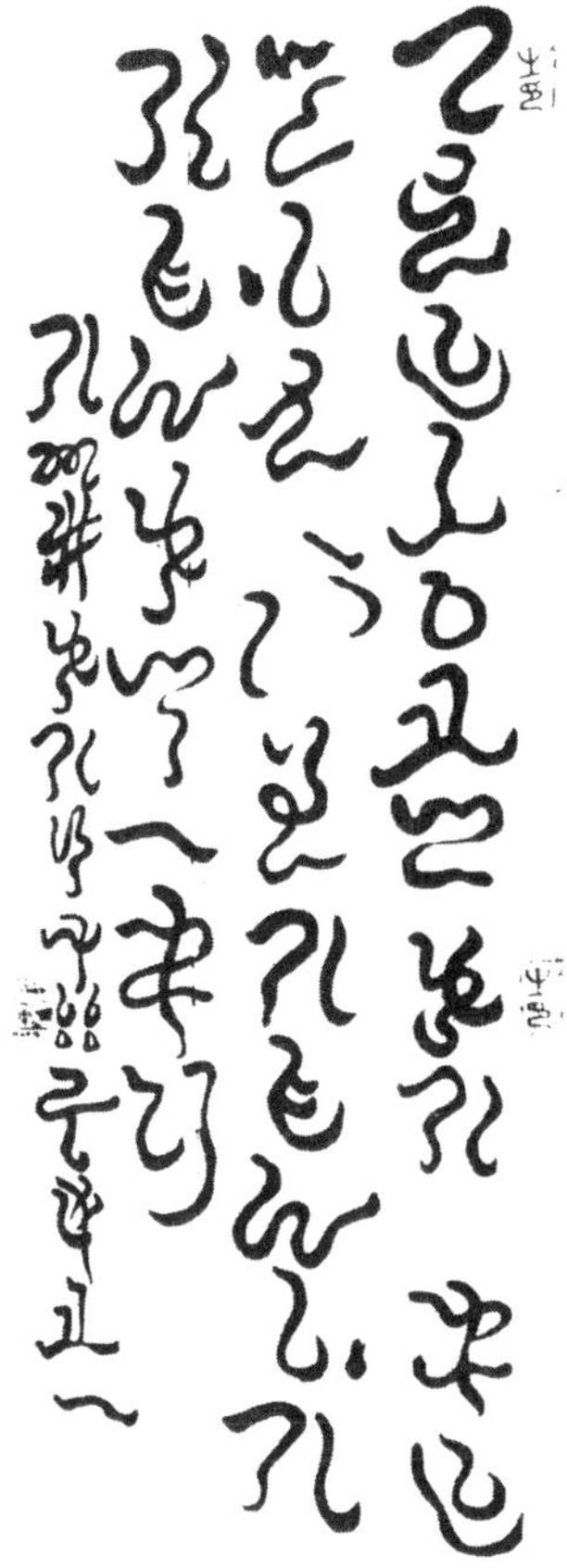

平将門

年に神宮教院が閉鎖される際、その所蔵文献は神宮文庫に収められたが、その際に直亮作成の神代文字文書が紛れ込んだというわけだ。

丹代は山田を批判し、直亮は古代や中世の人物が残したオリジナルの文書を持っていたが、修繕のためにその輪郭だけを写し取った、その控えが神宮文庫に収められたのだとしている。

しかし、丹代が想定したとおりだとしても、これらの文字が古代や中世の人物によって伊勢神宮に奉納されたものではなく、直亮個人のコレクションから神宮教院

図48

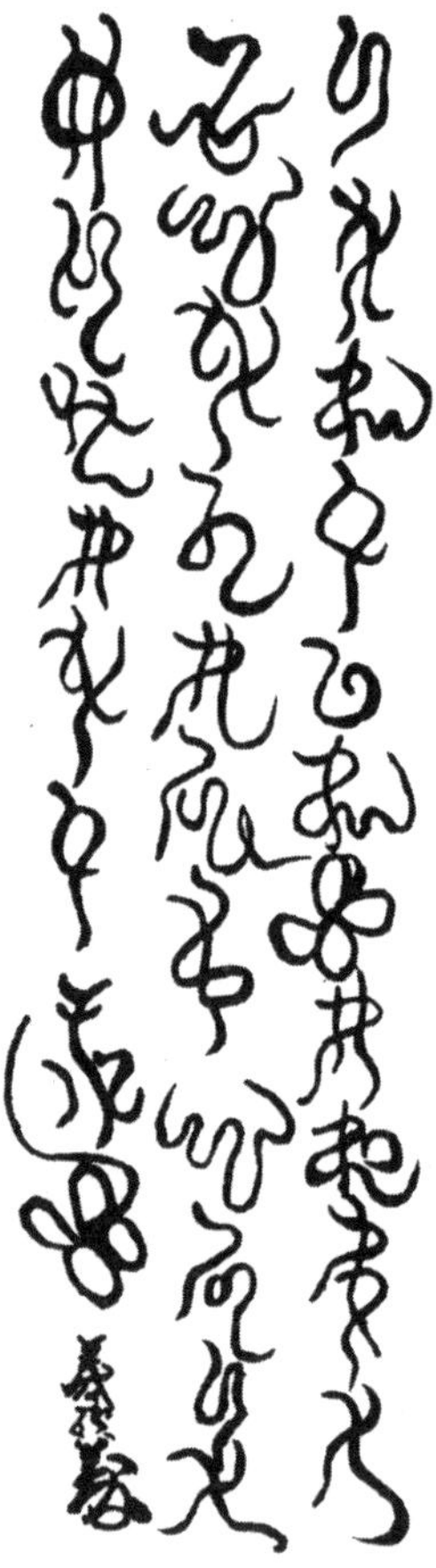

源義経

図49

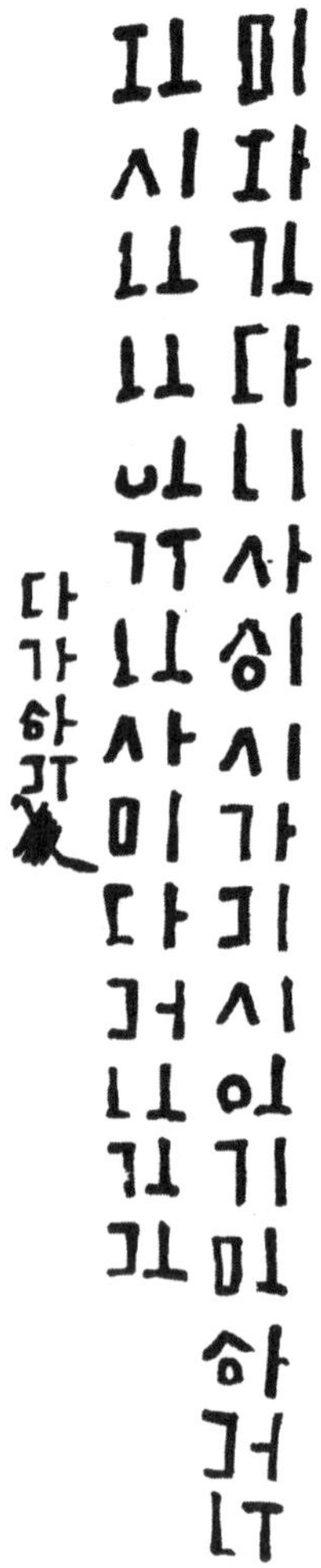

後醍醐天皇

を経て神宮文庫に入ったという経緯に変わりはない。また、丹代の想定どおりなら、オリジナルの文書も残っていてしかるべきだが、神宮文庫に現存しているのは籠文字ばかりである。

したがって神宮文庫の神代文字文書は、古代や中世の著名人が実際に神代文字を使っていた証拠にはならない。今のところ、これらの文書は明治初期の文人が古人に仮託したものとみなした方が妥当だろう。

神代文字練習帳 13

問1 伊勢神宮の神代文字文書を読んでみましょう。巻末の表1「日文真字」を参照してください。ただし問題文は縦書になおしました（例 미＝무）。図49の後醍醐天皇の文字を読んでみましょう。

（答・ミヤコタニ　サヒシカリシヲ　キモハレヌ　ヨシノノオクノ　サミタレノコロ　タカハル「都だに　淋しかりしを　気も晴れぬ　吉野の奥の　五月雨の頃　尊治」）

カタカムナ

◎アシア族のご神体

終戦直後、科学者・楢崎皐月《ならざきさつき》（一八九九〜一九七四）は兵庫県の六甲山《ろっこうさん》系で地磁気測定の実験を行っていた際、平十字《たいら》と名乗る行者と知り合った。平十字はカタカムナ神社の神主で、その神社のご神体は太古の文字で記された巻物だという。

楢崎は戦時中、満洲の道士から奇妙な言い伝えを聞かされていた。それは太古の日本列島に高度な科学技術を誇るアシア族という人々がいた。彼らは「八鏡《やかがみ》之字」「化美津之《かみつの》文字」という特異な文字を使っていたという。楢崎はカタカムナ神社のご神体こそ、アシア族の遺物にほかならないと直感した。彼は平十字の許しを得て、巻物をノートに写し、後半生をその文字の解読と古代科学の復元に費やしたという。

カタカムナの文字は円と縦横の座標軸とで構成される、高度に幾何学的な文字である。大きな円が座標軸によって八つに区分され、その各部分に置かれた小円の位

図50

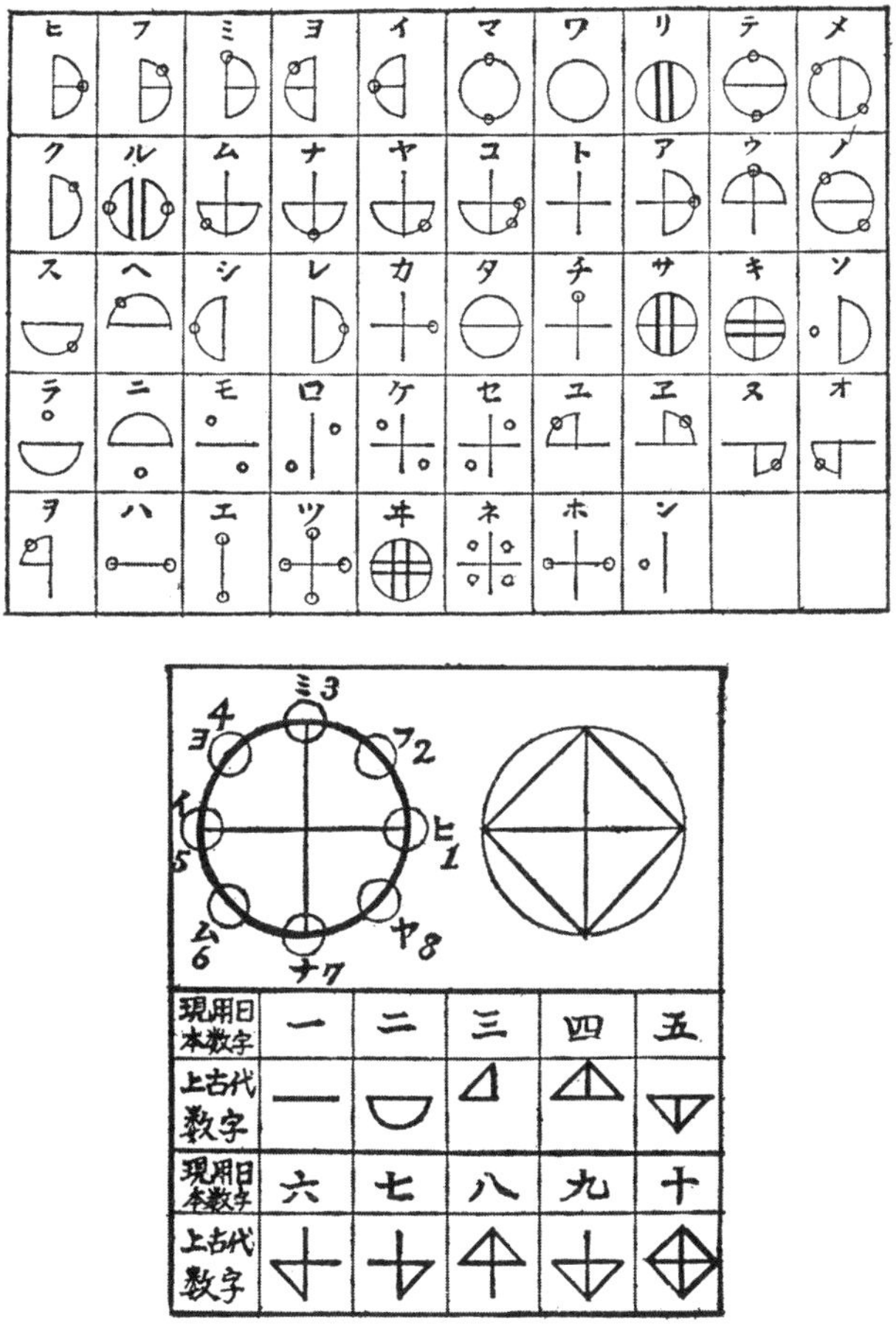
ヒ フ ミ ヨ イ マ ワ リ テ メ
ク ル ム ナ ヤ コ ト ア ウ ノ
ス ヘ シ レ カ タ チ サ キ ソ
ラ ニ モ ロ ケ セ ユ ヱ ヌ オ
ヲ ハ エ ツ ヰ ネ ホ ン
ミ3
ヨ4
フ2
イ5
ヒ1
ム6
ナ7
ヤ8
現用日本数字
一 二 三 四 五
上古代数字
現用日本数字
六 七 八 九 十
上古代数字

化美津之文字

置が音声と対応する。その基本原理は16進法の数字によって示されるため、16ビット・コンピュータのプログラム用文字ではないか、という説を唱えた論者もある。

◎占いに利用する方法

コンピュータ向きかどうかはともかく、カタカムナの文字が高度に理念的な代物であることは間違いなく、奇才・楢崎が太古文明に仮託して創作したものである可能性が高い。

なお、この文字は姓名判断にも用いることができる。その方法は、記紀の神名をこの文字で書いて重ね合わせたリストをあらかじめ準備し、次に占う対象の名前をこの文字で書いて重ね合わせることで対応する神名を探すというものだ。実際の古代文字ではないにしても、カタカムナの文字に占いのための実用性があることは間違いない、というわけである。

神代文字練習帳 14

問1

つぎのカタカムナの文字を読んでみましょう。巻末の表28「化美津之文字」を参照してください。

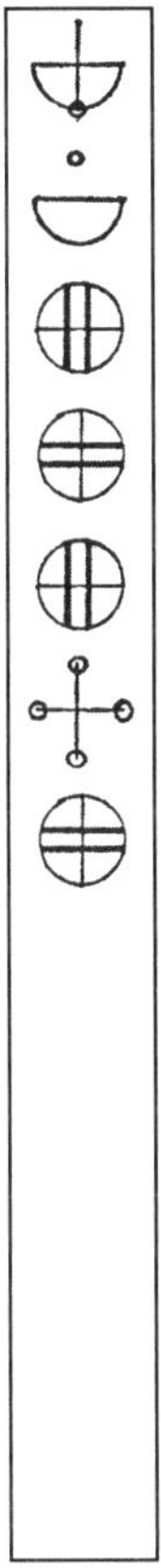

＊ヒント　カタカムナの文字の解読者？

（答・ナラサキサツキ　楢崎皐月）

南朝伝神代文字

◎吉野の南朝に伝わる古字？

吾郷《あごう》清彦が、淡路在住の神道研究家・谷中光から提供されたという文字。「南朝伝神代文字」は谷中による呼称。吾郷は「南朝古字」と命名している。

五十音＋ンの五十一音に読み方不詳の一〇が残されている。谷中はこの文字を「奈良の南朝直系の方」から伝授されたとするのみで、その具体的な人名・家名を明かさなかったという。

五一音のうち、ア・カ・タ・ト・ハ・

図51

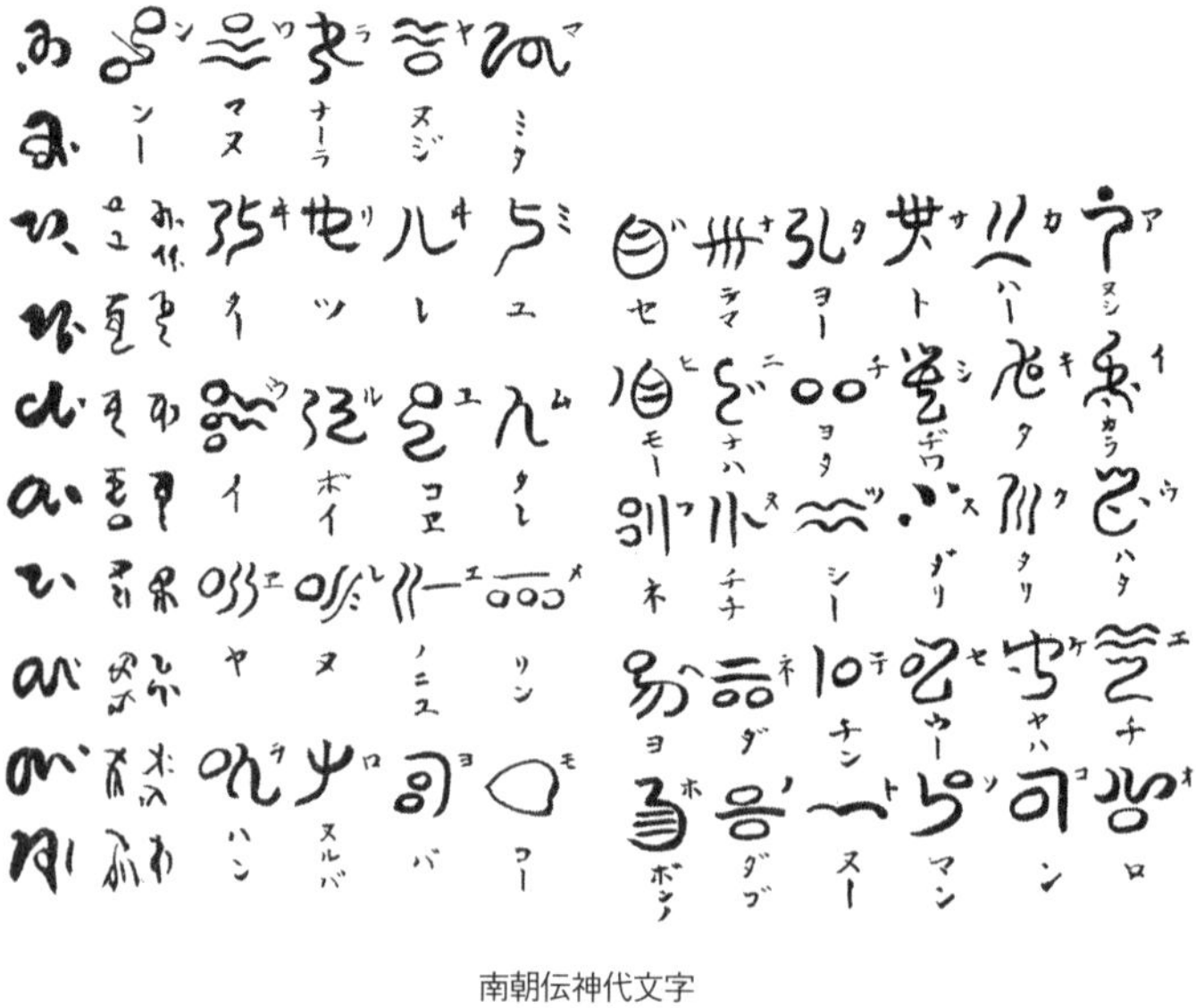

南朝伝神代文字

マ・ミ・ルの八字は日文草書《ひふみそうしょ》と同じ。ス・モも日文草書に類似している。また、チは日文草書の簡略形ともとれる。

さらにキ・ツ・ナ・ラ・リの五字は阿波《あわ》文字に類似している。吾郷はこの文字の由来について、次のように想定する。

「南朝における忠臣にして学者の誰かが、アヒルクサモジ・アワモジ・梵字《ぼんじ》などを参考にして、一種の暗号文字として蒐集・合成・創作して、南朝同士間の秘密往復文書などに用いたものではなかろうか。このような古字が名門・旧家あるいは民間に伝わらなかったのは、恐らく指導的幹部間にのみ用いられ、この文字で書き綴られた書簡はただちに焼き捨てられたものと推察される」（『日本神代文字』）

◎歴史にうずもれた後南朝への憧憬

さて、一三三六年、皇室は足利幕府に支持される京都の北朝と、後醍醐《ごだいご》天皇の皇統を守ろうとする吉野の南朝に分裂した。一三九二年、南朝の後亀山天皇が次の天皇は南朝系から立てるなどの条件を提示、北朝の後小松天皇はそれを受け入れるという形で南北朝合一が成り立つ。しかし、幕府はその約束を反故《ほご》にして後小松天皇の皇子を皇位につけた（称光天皇）。そのため、南朝系の皇子や臣下は野に下り、朝廷や幕府に対する抵抗を続けた。これを後南朝という。応仁の乱（一四六七）の時、守護大名の山名宗全《やまなそうぜん》は後南朝の南帝王（信雅王）を陣中に迎えたが、それを最後に後南朝の消息は歴史から絶える。

しかし、近代以降に現れた自称天皇には有名な熊沢天皇をはじめとして後南朝の末裔を名乗るものが数多い。後南朝は歴史の闇に埋もれてしまったからこそ、それを自称する者も絶えることがない。そして、南朝びいきの人々の中には、南朝は北朝が失った宮中の神道秘伝を守っていたはずだと思いこむ者も出てくる。それで、この南朝伝神代文字も自称後南朝系の家から流出したものというわけである。

◎呪術に用いられた可能性

五一音の文字には表音文字としての音と別の読み方が添えられている。これはこの文字を呪文として用いる場合の隠された読みを示したものであろう。この文字を伝えた人物は、文字本体だけではなく、呪術に用いるための行法をも伝授していたものと思われる。

なお、読み方がわからない十字について、吾郷は一から十までの数詞と推定するが、占いのための十干《じっかん》という可能性もある。

ちなみに木村守一氏は、このアヒルクサ文字（日文草書）との類似は、この文字が実際には江戸時代後期以降の成立であることを示唆するとし、「新作文字が神代と南朝幻想の両方に結びついている珍しい例」と評している。

神代文字練習帳 15

問1

つぎの南朝伝神代文字を読んでみましょう。巻末の表29を参照してください。

＊ヒント　南朝の都があった

（答・ヨシノ　吉野）

水茎文字《みずくき》

◎天津金木学によって感得した文字

文政～天保期（一八一八～一八四四）に活躍した国学者・中村孝道《こうどう》が音声の配列のために作り出し、後に神道家・大石凝真素美《おおいしごりますみ》（一八三二～一九一三）が天津金木《あまつかなぎ》学という独自の行法によって感得したという文字。

ここで言う天津金木は長さ二寸（約六センチ）四部角（各底辺約一・二センチ）、六つの面を白・黒・青・緑・赤・黄に塗り分けた積木状の木片だ。

この天津金木の配列・運用によって森羅万象が表現できるばかりか、未来の予測まで可能になるという。大石凝の学統を継いだ水谷《みずたに》清《きよし》（一八七二～一九三八）は、天津金木学はフトマニの一種にして、フトマニのすべてである、と説いている。

水茎文字は濁音・半濁音を含む日本語の七五音を天津金木の配列によって現したものであり、中村はその配列を「ますみの鏡」と呼んだ（大石凝真素美の「ますみ」

図52

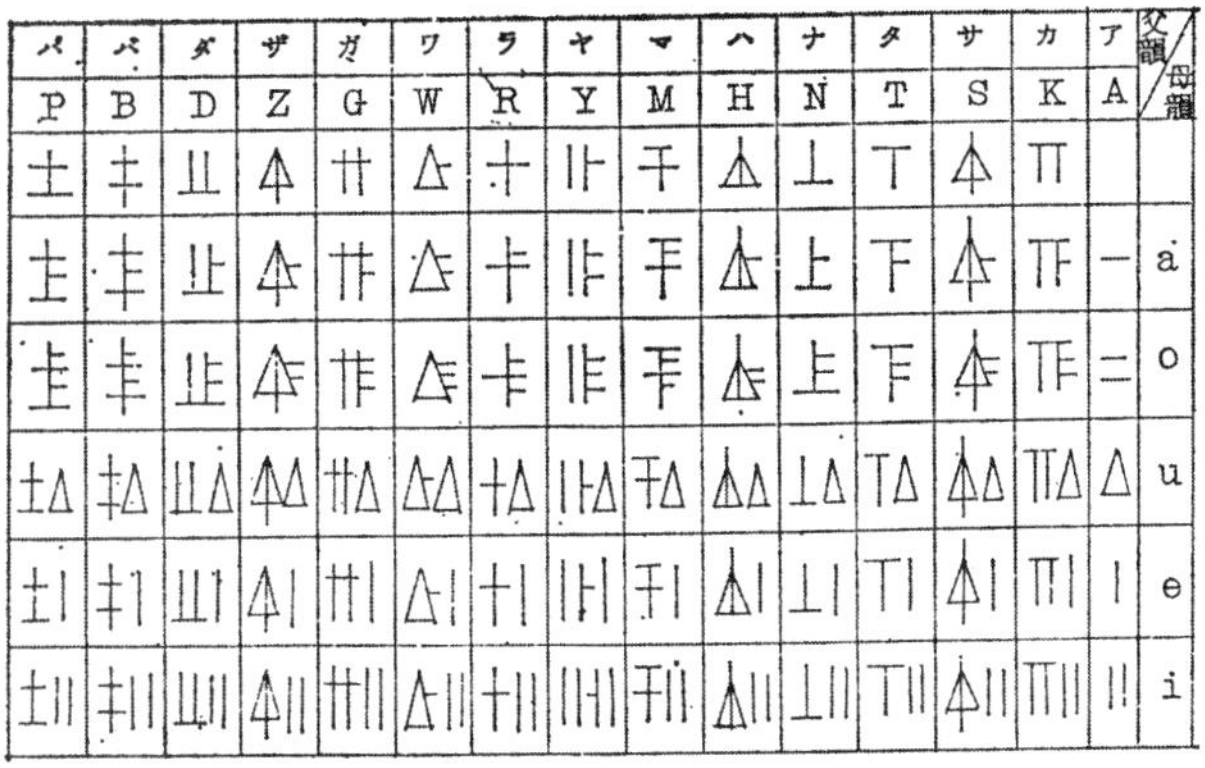

水茎文字(字源による組み合わせ)

図53

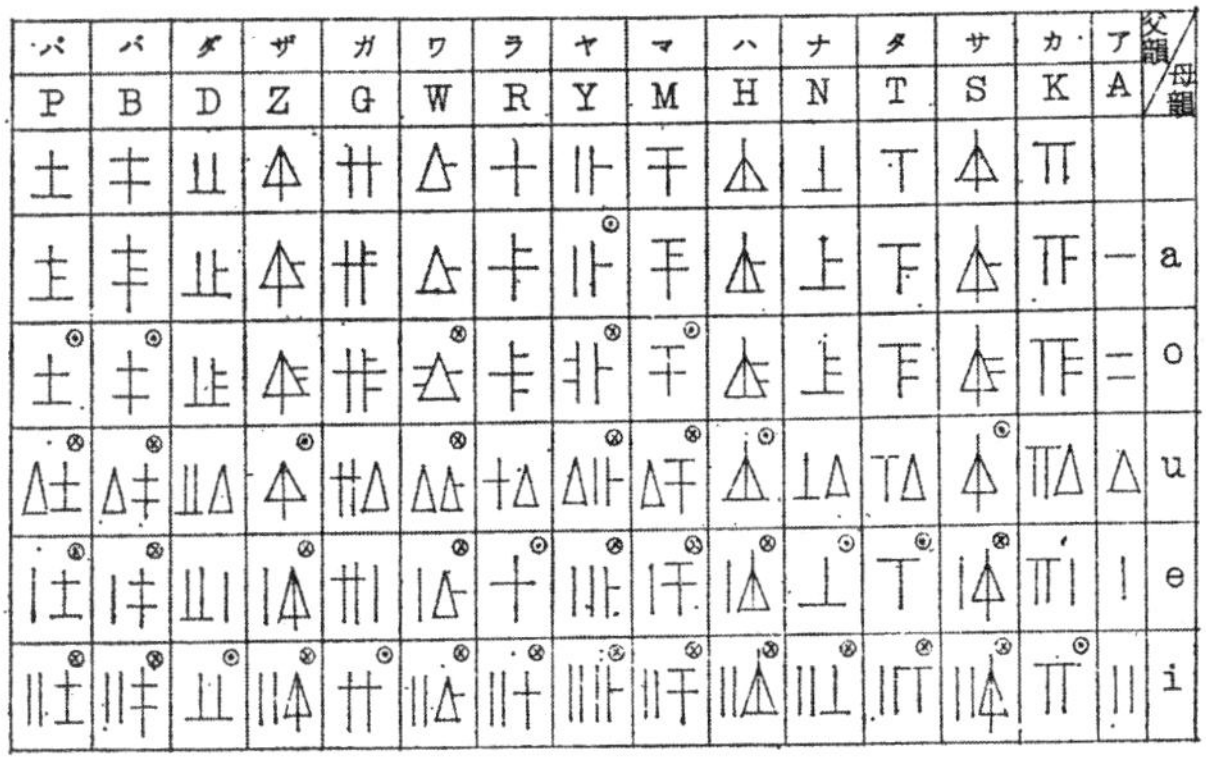

水茎文字(重合字・転位字の表示。⦿印は重合字、⊗印は転位字)

という名乗りもこれに由来するものと思われる)。

「水茎」というのは木を組み合わせるという意味の「瑞組木」に古語で筆・筆跡・書簡を意味する「みずくき」をかけての命名である。

これだけなら、この文字は中村や大石凝の理念から生まれた純粋に人工的なものにすぎない。ところが大石凝とその学統に連なる人々によると、この文字は自然の形象としても現れているという。

◎湖面に現れる水茎文字

秋風の日にけに吹けば水茎の岡の木の葉も色づきにけり（『万葉集』巻十、

図54

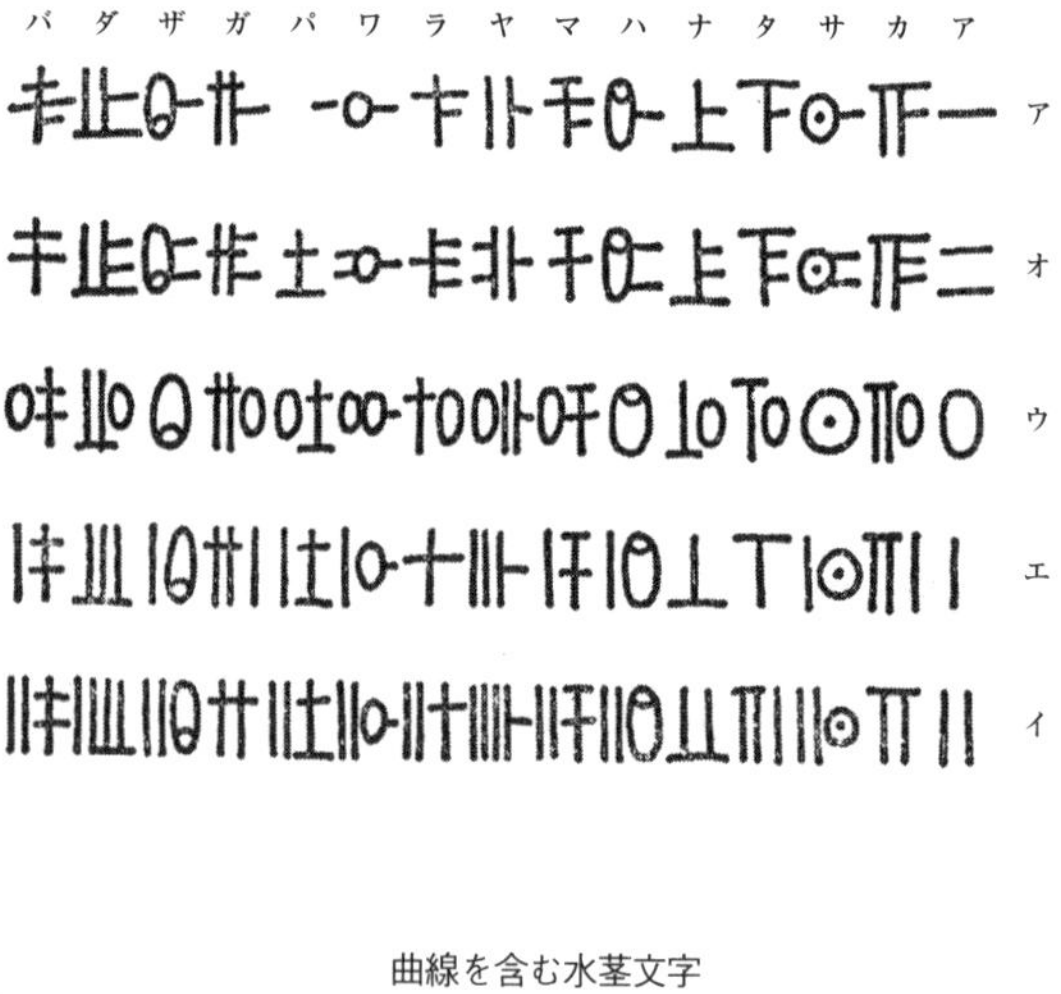

曲線を含む水茎文字

新国歌大観二一九七、旧二一九三）

水茎の岡の葛葉を吹きかへし面知る子らが見へぬころかも（『万葉集』巻十二、新国歌大観三〇八二、旧三〇六八）

滋賀県近江八幡市水茎町にある岡山（海抜一八七メートル）の山頂から見下ろす琵琶湖は景勝として知られ、「水茎の岡」として万葉にも登場する歌枕の地である。大石凝によると、天気のよい日に水茎の岡に登り、湖面を見るならば、そこに次々と現れては消える水茎文字が観測できるというのである。

戦前最大の新興宗教・大本《おおもと》、その実質的な教祖だった出口王仁三郎《でぐちおにさぶろう》（一八七一～一九四八）は琵琶湖に浮かぶ水茎文字を実際に目撃したという。

出口の証言によれば、彼が最初に琵琶湖湖面の水茎文字を見たのは二八歳の秋であった。当時、彼は大石凝に言霊学《ことだま》を学んでおり、師にともなわれて水茎の岡に登ったのだという。大正四年（一九一五）五月一六日には大石凝門下の朝倉尚絅夫妻や大本信者らと水茎の岡に登り、昼前から午後二時にかけて、「ア」「オ」「エ」「イ」の文字が現れては消えるのを観察したとされる。

水茎の岡にのぼりて眺むれば忽《たちま》ち出でぬアオイエの文字（出口王仁三郎）

この時、出口は地元有力者から岡山に研究所を立てて湖面に浮かぶ文字を写真撮影してはどうかとの提案を得たという（結局、これは実現していない）。

また、出口がこの登山から京都府綾部市の大本本部に帰って後、本部の池にも水茎文字が現れるようになったという。

なお、水茎文字はその起源からいって直線的な形態を持つはずだが、曲線を含んだ形に書かれることもある。一説には琵琶湖表面の波紋と呼応するなら、曲線を含む方が自然だともいう。

この文字は古代文字としての由緒を持たず、その意味では神代文字に分類するのは妥当ではない。しかし、卜占のため、理念的に作られた文字に、神秘的な伝説が付与されるという過程は、多くの神代文字の成立過程をなぞっているともいいうる。そこであえて取り上げる次第である。

神代文字練習帳16

つぎの水茎文字を読んでみましょう。巻末の表30を参照してください。

問1

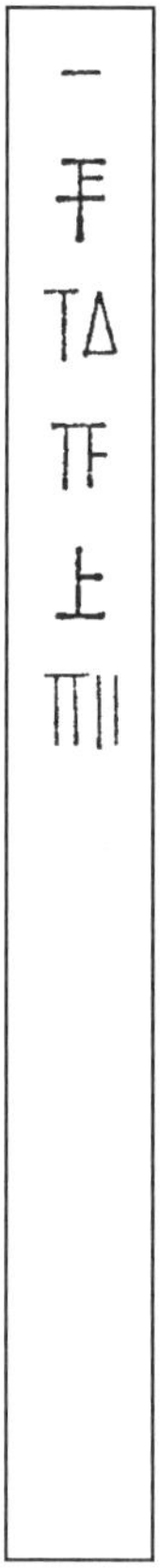

＊ヒント　未来の予測ができる積木状木片

（答・アマツカナキ　天津金木）

問2

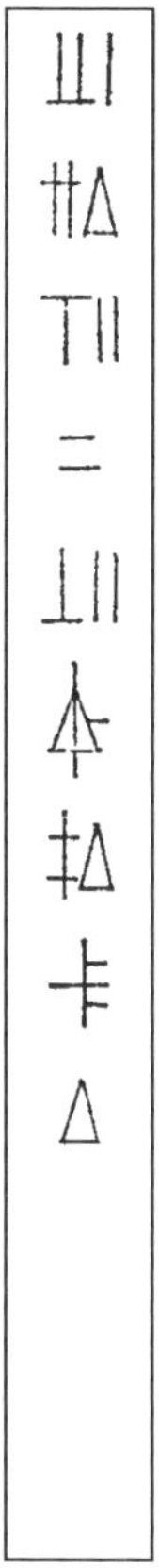

＊ヒント　琵琶湖に浮かぶ水茎文字を観察した

（答・デグチオニサブロウ　出口王仁三郎）

筑紫《つくし》文字・出雲《いずも》文字・アイヌ文字

◎北九州独自の政権を示唆する筑紫文字

筑紫文字とは『神字《かんな》日文《ひふみの》伝《つたえ》・疑字篇』に「筑後国石窟文字」として収録したもの。筑後国生葉《いくは》郡上宮田村（現福岡県うきは市吉井町宮田方面）の石窟に彫りつけられていたものだという。平田篤胤《ひらたあつたね》はその読み方までは示そうとはしなかった。

文政八年（一八二五）、久留米藩士の村上量敏《たかとし》・早川一照《かずてる》の両人はこの石窟が字重定《あざしげさだ》にあることを確かめ、その「文字」

図55

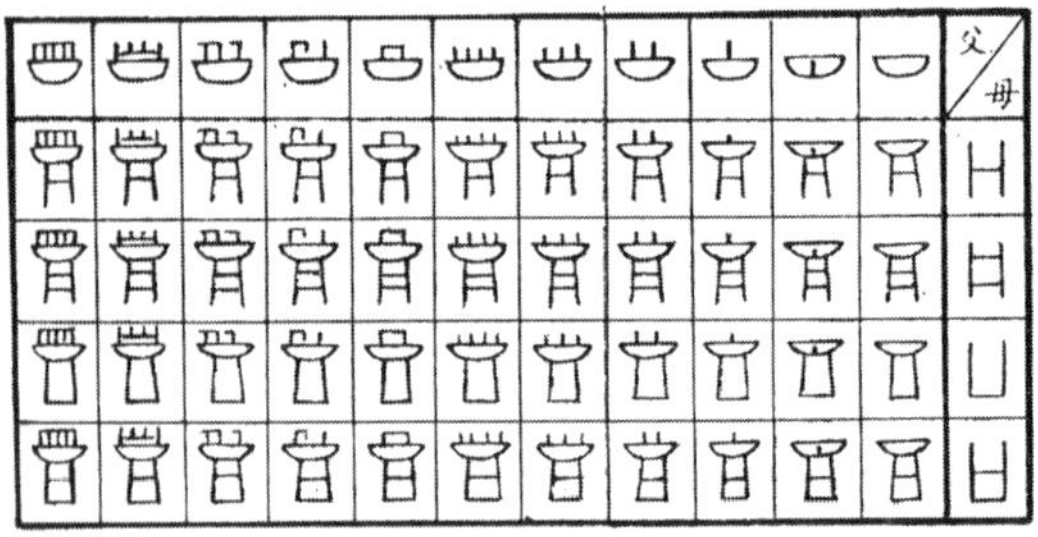

筑紫文字五十音字

を模写した。そのスケッチは落合直澄により、『日本古代文字考』に収録されて残っている。落合はこれを明確に文字として捉え、五十音図を作成して、その読み方を示した。

さて、平田・落合がいう「石窟」とは、実際には装飾古墳の石室であった。国指定文化財・重定古墳（福岡県うきは市朝田字重定）には鞆《とも》・靫《ゆき》などの絵と思しきものや、同心円などの幾何学図形が赤や緑の色彩鮮やかに描かれていた。平田・落合はそれを文字として解釈したのである。

なお、装飾古墳は北部九州に濃密に分布しており、この地域に六世紀頃、独自の地方政権があった可能性を示唆してい

図56

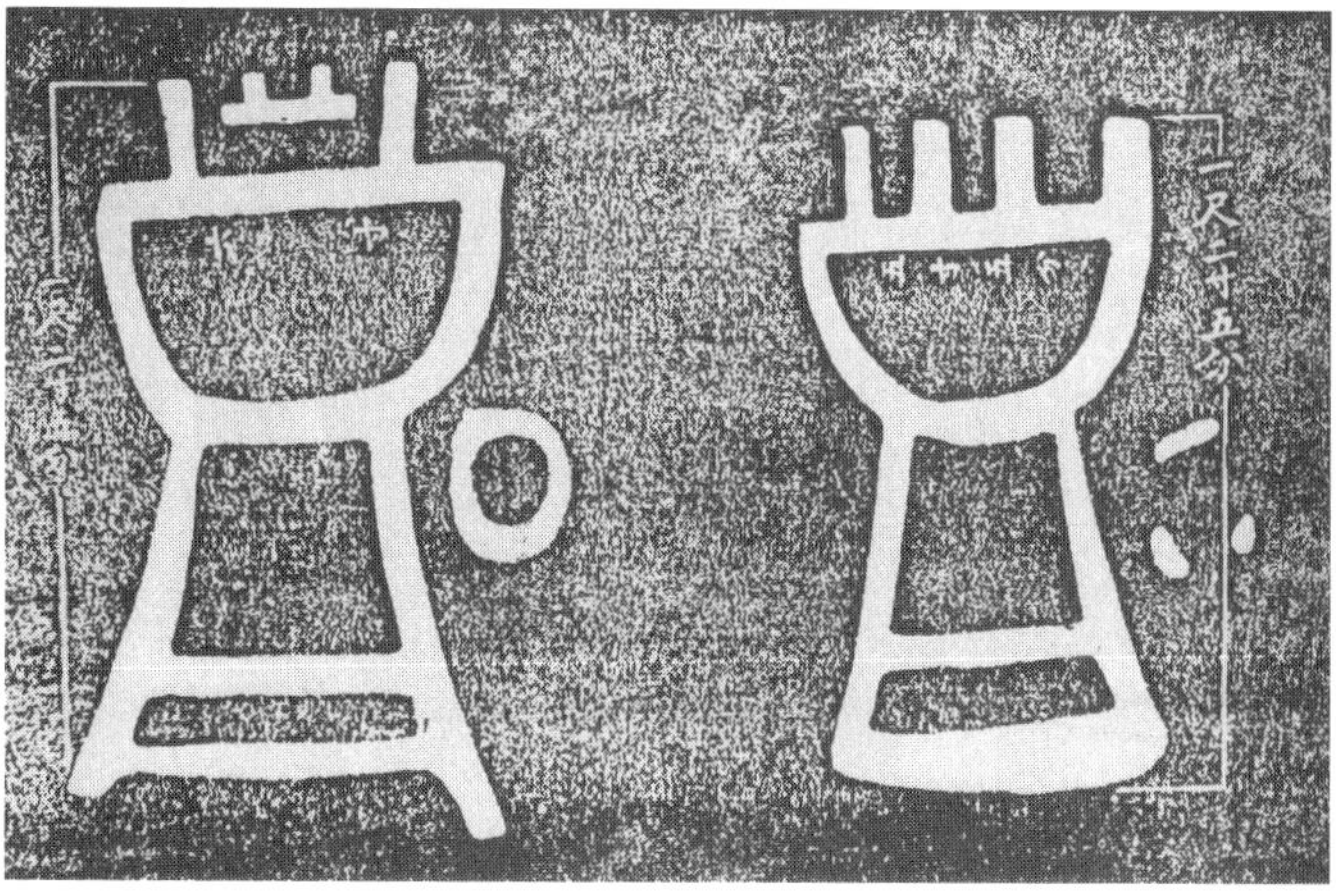

重定古墳の文字

る。くわしくは拙著『邪馬台国浪漫譚』を参照されたい。

◎オオナムチが作ったとされる出雲文字

出雲文字は、出雲大社（現島根県出雲市大社町築木《つづき》）の近くにある書島《ふみしま》（文島ともいう）の石窟の壁に刻まれていた文字。神代に出雲大社の御祭神であるオオナムチ（大《おお》国《くに》主《ぬしの》命《みこと》）が自ら作って彫りこんだ文字だという。『神字日文伝・疑字篇』には五十音と数詞（一〜十、百、千、万の十三字）の合わせて六三字が収められている。

平田は、この文字の由来を考えれば尊ばれるべきものだとしながらも、ほかの伝承例がないことから疑字篇に収めると

図57

出雲文字五十音図

し、さらに石窟の壁に彫られていた文字の読み方がどのようにしてわかったのか、といぶかしがっている。

石窟があったという書島の所在は残念ながらわからない。島根県に文島という小島はあるが、出雲大社から遠すぎる。出雲大社にもこの島に関する伝承・記録は存在しないという。吾郷《あごう》清彦は大社町から北、約五キロの地点にある猪目洞窟遺跡をその第一候補にあげている。

猪目洞窟は海岸に面した奥行き約五〇メートルの洞窟で『出雲国風土記』出雲郡宇賀郷の条では黄泉国の入り口に擬せられている。洞窟内に縄文中期~後期、弥生時代、古墳時代の複合遺跡があり、人骨・土器・石器・貝製品・稲籾などが出土している（出土品は大社町公民館で展示）。古代人の生活・埋葬施設であったことは間違いない。特に壁画などは発見されていないが、吾郷は岩肌の風化で失われたものと想定する。

なお、高知県に伝わる宮地神仙道は中国の道教を日本化したものだが、その教義では、オオナムチも神仙の一人とされ、出雲文字を護符に用いている。記紀では、オオナムチはさまざまな呪術を人々に教え、病気などの災いから逃れさせたとあるので、ある意味、オオナムチゆかりの文字の使い方としては正当なものといえよう。

◎アイヌ文字は北海道独自のものか

落合直澄は、出雲文字をアイヌ文字(落合は「夷奴《あいぬ》字」「蝦夷《えぞ》字」と呼称)の一種とみなしている。明治の学会では北海道に独自の文字があるかどうかが、学界の関心事となっていた。たとえば、『東京人類学会雑誌』においても次のような論文が散見できる。

坪井 正五郎 「北海道諸地方より出でたる古器物上に在る異躰文字」明治二〇年(一八八七)八月

荘司 平吉「アイノ及び北海道の古代文字」明治二〇年(一八八七)一〇月

坪井 正五郎「重ねてアイヌ木具貝塚土

図58

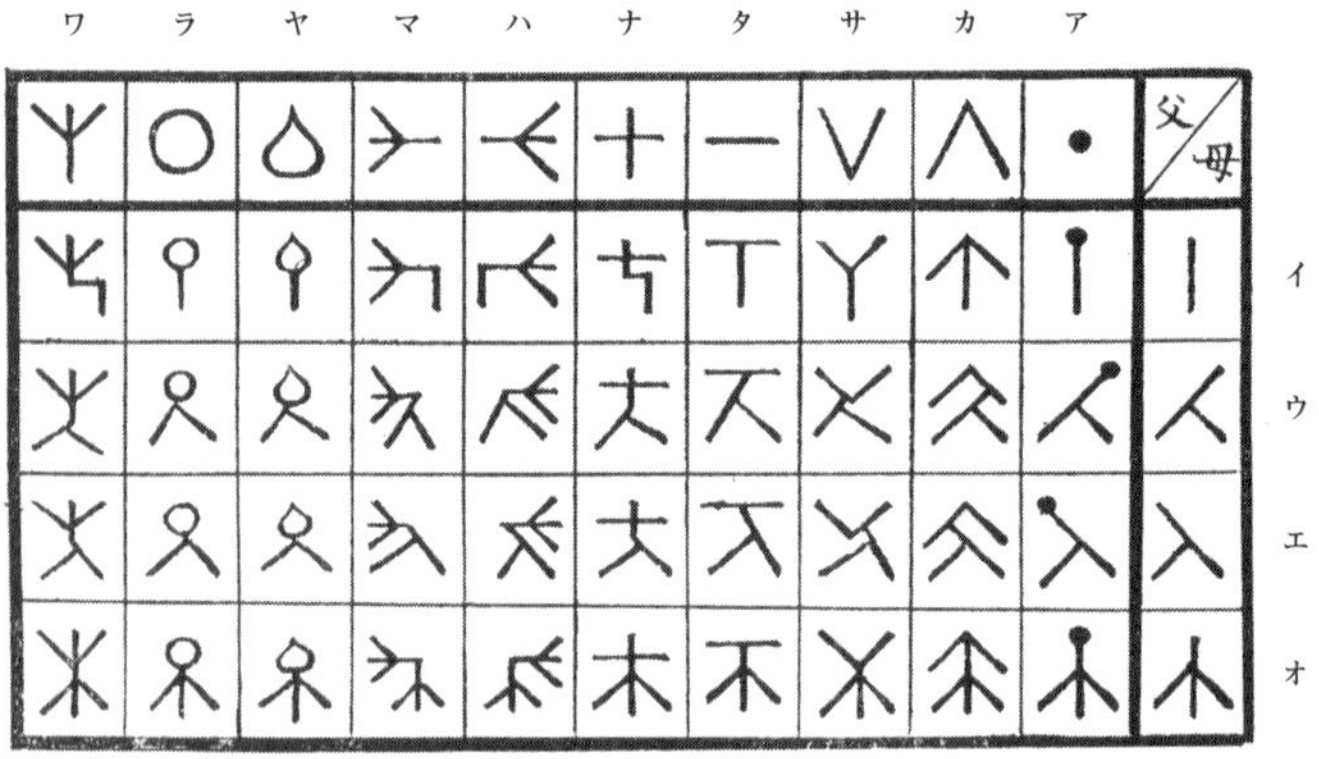

アイヌ文字五十音字

図59

日本紙朱字

帯状朱字（木皮朱字）

太刀吊朱字

器修繕法の符号は貝塚土器のアイヌの遺物たるを証する力無き事を述ぶ」明治二三年（一八九〇）九月

坪井・荘司らは北海道アイヌが用いている衣類・土器・木製品・皮製品などに刻まれた文様（図59）を文字・符号とみなした。ただし、その解釈について、荘司はアイヌの文字とみなしたのに対し、坪井はアイヌ以前の先住民族の文字が意味不明のまま残されただけだ、とみなしている。ちなみに坪井は、アイヌ伝説に登場する小人コロボックル（「蕗《ふき》の葉の下の人」の意味。アイヌに非礼をはたらく者があったため、怒って北海道を去ったという）を実在の民族として、北海道のみならず日本列島全域の先住民族とみなしていた。アイヌに読めない独自の文字が北海道にあったとすれば、それはすなわちコロボックル実在の傍証となる、というわけである。

落合もアイヌ文字は日本民族の古代文字であり、アイヌはそれを刻んだ器物をただ保持しているに過ぎないとみなしていた。落合は、独自の解読法でアイヌ文字の五十音図を作成し、さらにその字源図をも示した。

◎北海道と山陰を結ぶ古代の交流

さて、ここで興味深いのは、北海道の洞窟遺跡にアイヌ文字と類似した文様が掘り込まれた例があることだ。それは小樽市の手宮洞窟と、余市町のフゴッペ洞窟である。

手宮洞窟は幕末期に発見され、大正時代には「古代文字」（図60）としてさまざまな解読案が出されている。一方で、古代の遺物ではなく、後世の人のいたずら書きという説もあったが、一九五〇年、より大規模な石刻があるフゴッペ洞窟が発見され、いたずら説は影を潜めた。

『小樽のひとよ』（歌・鶴岡雅義と東京ロマンチカ、一九六八）に「偲べば懐かし古代の文字よ」、『石狩挽歌』（歌・北

図60

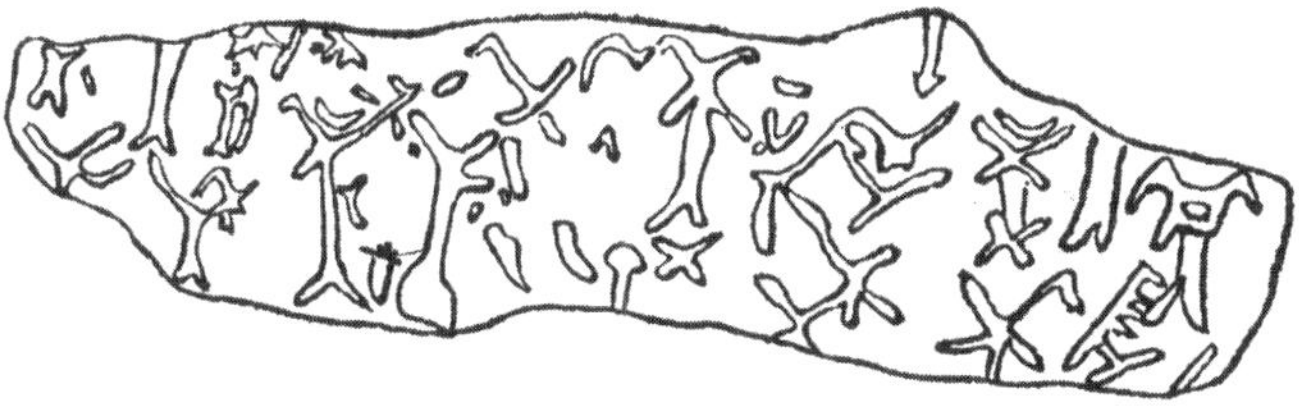

手宮古字

原ミレイ、一九七五）に「変わらぬものは古代文字」などと歌謡曲に歌われたこともあるが、現在では呪術的な意義を込めた壁画という説が有力である。

壁画が描かれた年代については、出土する生活遺物から手宮・フゴッペとも続縄文時代に属する四世紀頃（本州・四国・九州では古墳時代前期）と推定される。

あるいは、出雲の書島石窟なるものも、手宮やフゴッペと同系統の洞窟壁画だったのではないだろうか。落合が指摘した出雲文字とアイヌ文字の外見上の類似（さらには手宮・フゴッペ洞窟壁画との類似）、そこには古代の北海道と山陰地方の間での文化交流の存在が示唆されているともいえよう。

平田・落合の試みは遺跡に残る古代人のメッセージを受け取ろうとした点で現代の考古学に通じるところもある。惜しむらくは、それを「文字」と断定した上で早計な解読を進めたことであろう。

神代文字練習帳 17

問1

つぎの出雲文字で書かれた「禁厭《まじない》ノ秘事秘文」を読んでみましょう。巻末の表31を参照してください。

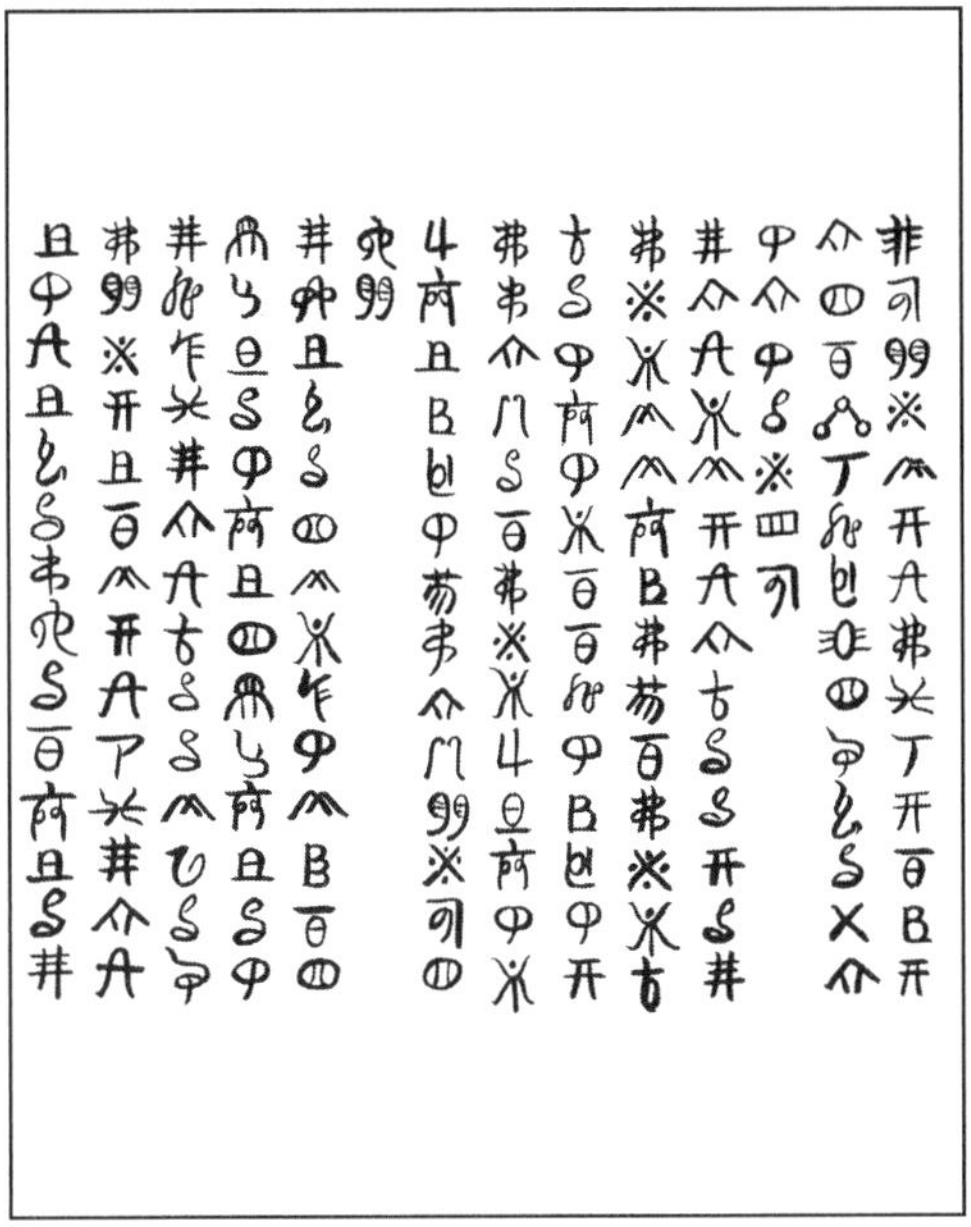

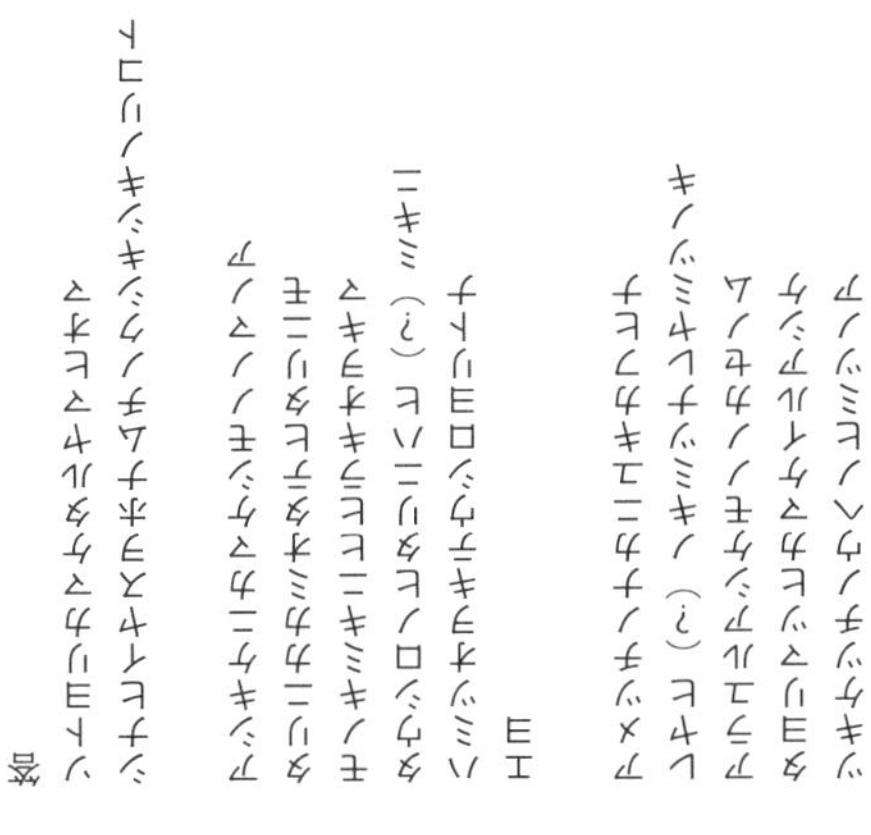

（参考・吾郷清彦による訳『日本神代文字研究原典』より）

外より感けたる病を禁厭い癒す大己貴尊の奇しき重太宣言

悪気に感けし者の目のあたりに鏡を立て、左に桃の木、右に柊を置き、また、後の左には火、右には水を置きて、後より唱えよ。

天地の中に行き交う火なれや、火の気、水なれや、水の氣。

あらゆる悪気・物の風の共憑り纏い、感け入る悪気・憑気　土の上の火・水の悪（以下略）

海外の神聖文字と神代文字

※いやするとそれはハングルではないのですね？
いしいひさいち「簡単な暗号」『コミカル・ミステリー・ツァー　赤禿連盟』所収

◎日文真字とルーン文字の類似性

明治二〇年（一八八七）七月二六日から翌年一月四日にかけて、オーストリア遊学中の丸山作楽《さくら》ら日本の高官はローレンツ・フォン・シュタインの下を訪れ、憲政についての講義を受けた。シュタインは当時のヨーロッパを代表する憲法学者で大日本帝国憲法起草にも影響を与えた人物である。平田派国学者でもあった丸山は、シュタインへの返礼として神代文字（日文真字《ひふみまな》）にひらがな・かたかな・ローマ字を付した表を贈呈した。その時、シュタインは次のように答えたという。

「神代文字と朝鮮諺文《おんもん》と同体なるは隣近の国柄、ことに上世より交通ありしをもって怪しむに足らざれども、東西懸隔せる日耳曼（ゲルマン）古字の流泥（ルーネ）と相似せるは偶然にあらざるべし、上世は言語も世界一般なりしを、人種の各所に散在するにしたがい、音韻転訛して異様となり、ついには今日の相違を致せりとの説ありて、博言学者は世界類語の撰述ありと聞けり。今、神字日文の伝来を聴きて、予、大いに発明する所あり」（海江田信義『須多因氏講義』一八八九、表記は一部改めた）

つまり、シュタインは神代文字を見て、それが朝鮮のハングルだけではなく、古代ゲルマン民族のルーネともそっくりであることに気づいた。これは人類の言語と文字が同根であることを示しているのではないか、というわけだ。

シュタインが神代文字から連想した「ルーネ」とは、最近、占い用の文字として、あるいはロールプレイング・ゲームやファンタジー・コミックでの呪文の表記用として日本でも知られるようになったルーン文字のことだ。

ルーンもしくはルーネはスカンジナヴィア語など古代ゲルマン系言語で秘密を意味する語である。紀元一世紀頃、アルプス周辺にいたゲルマン人がギリシャ文字の影響で作った文字というが、一説にその起源は古代ゲルマン人が占いや呪術に用いた記号にさかのぼるともいう。実際、ドイツなどではルーン文字が刻まれた金属製の護符が多数出土している。八世紀から一一世紀にかけては主に北欧のヴァイキングが使用した。北欧神話では、この文字は主神オーディンが苦行の末に作り出したものとされている。

二〇世紀のドイツでは、ルーン文字を人体で表現するという体操が考案され、ナチスにより奨励されるという一幕もあった。

ルーン文字はもともとは木や石に刻まれたものらしく、刃物で掘り込みやすい縦の直線と斜めの直線とで構成される。日文真字もまた単純な直線で構成されており、その点ではルーン文字と類似性があるといってもよいだろう。

しかし、その形以上にルーン文字には日本の神代文字との重要な共通点がある。それは共に神聖文字として占いや護

図61

ゲルマン共通ルーン文字

長枝ルーン文字

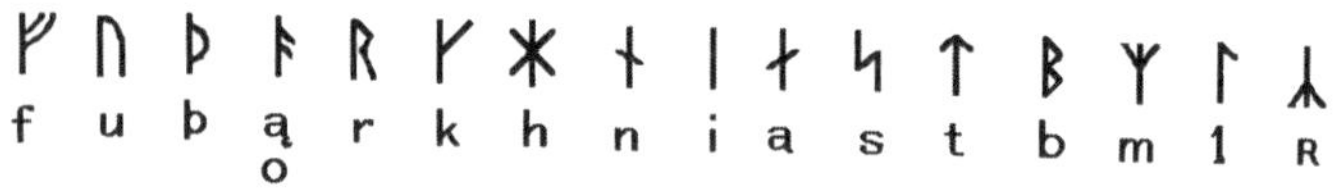

短枝ルーン文字

「ウィキペディア」より

符、呪文の表記に用いられるというところだ。

海外の有名な神聖文字としては他に次のようなものがある。

◎ヒエログリフ

紀元前三〇〇〇年頃の古代エジプトで発祥、それから三〇〇〇年以上にもわたってほとんど形状を変えることなく、碑文やパピルス（葦で作る紙）文書に用いられ続けた。エジプト神話では知識と学問の神トトが作った文字とされる。形状的には象形文字。基本的には表音文字だが、表意文字や、一字で複数の音節を表す字もあるため、総数は七五〇以上にな

図62

徳政金吾によるエジプト象形文字五十音図

る。形状を変えなかった理由は、その筆記が専門の神官や書記にのみ許されていたため、彼らがその義務として形を変えなかったことによる。「ヒエログリフ」はギリシャ語で神聖な文字の意味。古代エジプト最後の女王クレオパトラ七世が紀元前三〇年にローマ軍に敗れてからその使用は次第に衰え、紀元五世紀頃には読み方が忘れられた。一五世紀以降のヨーロッパの文人にはヒエログリフには失われた古代の叡智が隠されていると信じ、古代碑文の解読を試みる者が相次いだ。しかし、実際にヒエログリフがふたたび読めるようになるには、一八二二年、ジャン・フランソワ・シャンポリオンの解読を待たなければならなかった。

図63

アショーカ王碑文等に使われた文字。同一音をあらわすのにいろいろの字を使った

神代文字の中では、豊国文字とこのヒエログリフとの類似を指摘する説があることは前掲のとおり。ちなみに昭和初期の民間言語学者・板津七三郎は漢字の起源をヒエログリフに求めた。板津によると甲骨文字は漢字の起源ではなく、ヒエログリフから漢字への展開途上の文字が占い用に簡略化されたものだという。

◎梵字

いわゆる梵字《ぼんじ》というのはサンスクリット語（古代・中世インドの公用語、学術用語や呪術用語として残る）を表記するための文字の総称。「梵」（ブラフマ）とは梵天、すなわちインド神話における宇宙創造神。神話ではサンスクリット語は天上界の神が地上にもたらした言語で、梵字は梵天が自ら作った文字とされている。

紀元前三世紀、北部インドを統一したアショーカ王は自らの仏教への信仰と、慈悲に基づく統治を宣言した碑をインド各地に建てた。その碑文の多くに用いられているのがブラフミー文字であり、後世の梵字の源流である。ブラフミー文字は直線と硬質の曲線から構成されていたが、四〜五世紀インドのグプタ王朝の下で、全体が流麗な曲線からなる文字が発達した。これをグプタ型文字という。日本仏教で真言（マントラ、呪文）や護符に用いる悉曇《しったん》文字や、インドの梵字の主流となったデヴァナーガリー文字は典型的なグプタ型文字である。一方でグプタ型文字は仏教とともに東南アジアに広がり、ミャンマー、タイ、マレー、インドネシア、フィリピンなどで独自の発展を示した。そして、神代文字の中では、日文草書、阿波文字などが、このグプタ型文字の流れをくむものとみてよいだろう。

◎甲骨文字・金文

黄河流域で現在確認できる最古の王朝・商（殷、前一六世紀〜前一一世紀半ば）では、大亀の甲羅や牛の肩骨を灼いてそのひび割れで王の吉兆を占い、結果をその甲羅や骨に書き込んでいた。これが甲骨文字であり、漢字の原型とされる。商に代わった王朝の西周（前一一世紀〜前八世紀初め）では王と諸侯の盟約を刻んだ青銅器を諸侯に下賜していた。この文字を金文という。この時代には文字は西周の宮廷で独占していたらしく、諸侯が金文をまねようとして、文字としての意味がまったくない金文もどきの青銅器を作ってしまった例もある。諸侯は王から与えられた金文入りの青銅器を祖先祭祀にも用いることで祖先同様の忠誠を尽くすことを誓っていたようである。

西周が倒れてから文字は拡散し、占いや祖先祭祀以外の実用的目的が求められるようになって、現在へと続く漢字文化が形成される。しかし、漢字はその起源における呪術性をまったく失ってはいないようだ。漢字の呪術性を強調した書体は今も道教の護符に見ることができる。ちなみに戯曲家・古代文化研究家の竹内健は神道の太占《ふとまに》と商王朝の占いの類似に注目し、日文草書《ひふみそうしょ》は漢字と別に甲骨文字から派生した文字ではないか、と考察している。また、中臣文字にも呪術的文字としての漢字の影響を見て取ることができるだろう。

◎ブームとなったトンパ文字

なお、以上のほかに最近、注目された神聖文字としてはトンパ文字（東巴文字）がある。これは中国雲南のナシ族（納西）が千年以上前から、占いや呪術に用いていた文字で、一種の象形文字であるため、豊国文字と一見似た印象を受ける。ナシ族はこの文字で書かれたシャーマニズムの教典『東巴経』を伝えており、現在、ユネスコで保存事業が進められている。日本では二〇世紀末にアートディレクターの浅葉克己氏が注目し、特にファッション界でブームとなった。

これらの文字は実際に古代人により呪術的・宗教的に用いられ、実用性を失ってからもその効能を求める人々の間で伝えられてきたものである。というより、呪術性・宗教性は文字が本来持っている属性であり、世俗的な実用性は後から派生したものといってよいだろう。

◎創作神代文字が実在の神聖文字と似ているのはなぜか

考古学的資料から見る限り、日本列島では、無文字文化もしくは単純な記号しかない文化の社会に、いきなり漢字が伝来してきたようである。そのため、文字はその当初から実用的なものとして受け入れられた。

そこで後世、文字本来の呪術性・宗教性に目覚めた人々が、現実の歴史に日本独自の呪術的・宗教的文字を求めようとしても難しいということになる。神代文字の多くはその必要性から新たに造作されたものだろう。しかし、その形状が実在の神聖文字と似ているというところに興味深いところがある。

すなわち、その事実は、人類が文字のいかなる要素に呪術性・宗教性を認めたのか、という問いへの答えにつながるかもしれないからだ。幾何学的な図形や実在の聖なる物を象《かたど》った絵文字、そこに人は文化の違いを超えた神聖さを見い出していたのである。

なお、余談だが明治の哲学者・木村鷹太郎《ようたろう》は、日本民族の起源を中東・地中海方面に求め、いわゆる神代文字は偽作だが、太古日本民族は漢字伝来以前にも文字を使っていたと主張した。木村によると、神代文字の実体があるとすれば、それはヘブライ文字・ギリシャ文字、フェニキア文字などにほかならないだろうという。木村の論法には牽強付会なところもあるが、面白い着想には違いない。

字源図と形象化された音声

※俺は母音の色を発明した。―Aは黒、Eは白、Iは赤、Oは青、Uは緑。―俺は子音それぞれの形態と運動とを整調した、しかも、本然の律動によって、幾時かはあらゆる感覚に通ずる詩的言辞も発明しようとひそかに希うところがあったのだ。
ランボオ「錯乱Ⅱ」『地獄の季節』所収（小林秀雄訳）

◎上代の日本語は八母音・約八〇音節

本書で見てきたとおり、神代文字の多くは五十音図もしくはヒフミ歌によって配列されている。ヒフミ歌は江戸時代初めの偽書『先代旧事本紀大成経《せんだいくじほんぎたいせいきょう》』にはじめて現れるもので、いろは歌と同じ四十七音であり、いろは歌を原型としたのは明らかだ。ヒフミ歌の作者は、いろは歌の内容があまりに仏教的なので、神道の立場から改作を試み、結局、意味不明の呪文にしてしまったのだろう。

神代文字の多くが五十音図やヒフミ歌におさまるということは、それらで表せる音節は清音だけなら五〇に満たないということだ。これはそれらの文字の完成が上代までさかのぼりえないことの証拠である。

というのは『古事記』『万葉集』の国語学的研究によって、上代の日本語は八母音で約八〇もの音節（濁音のガ行・ザ行などを含まない）があったことが明らかになっているからだ。国語学者の中には、日本語は一貫して五母音であったとし、上代の音節の多さを母音交代や合成音で説明する論者もあるが、その説をとったとしても上代日本語は五十音図ではおさまりそうにない。

いろは歌の現存最古の用例は平安時代の経典注釈書『金光明最勝王経音義《こんこうみょうさいしょうきょうおんぎ》』（承《じょう》暦《りゃく》三年＝一〇七九）に出てくるもので、漢字の当て字で書かれている。同じ本には片仮名で書かれた五十音図（仮名、音図ともに原始的な様式）が記されており、いろは歌、五十音図とも平安時代の音韻を背景に成立したものであることを示している。その音韻に対応する以上、それらの神代文字が「神代」どころか平安時代以降の成立であることは間違いないわけだ。

なお、神代文字研究者には、母音はともかくとして、通常は子音といわれるものを「父音」、音節に相当するものを「子音」という者もいる。「母」と「父」が合わさって「子」が生まれるというわけだが、まぎらわしいので本書では通常の用例に従う。

◎字源図に見るオカルト的言語観

さて、五十音図と神代文字の関係を考える場合に避けて通れないのは字源図の問

図64

ヲシテ（秀真文字）字源図

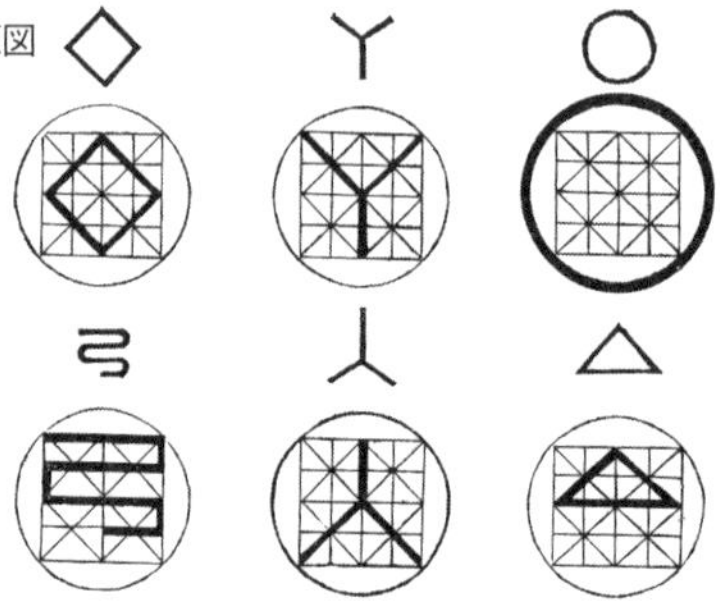

コレタリ文字 字源図

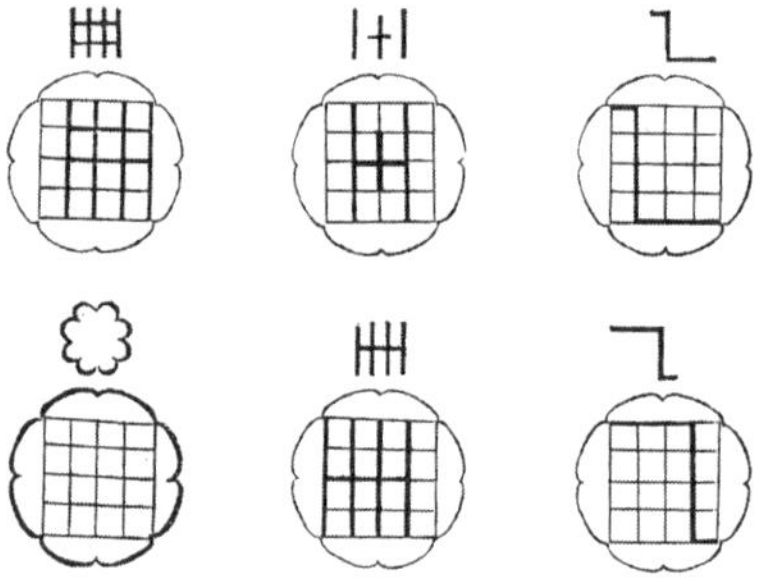

ツクシ文字 字源図

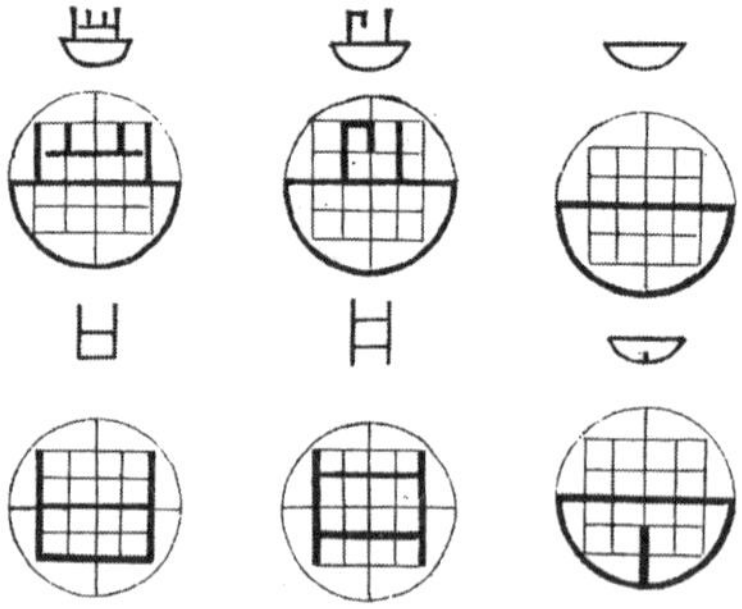

題である。字源図とは、文字の構成原理を表す幾何学的な図形だ。その図形の一部のみを取り出すことにより、特定の音韻を示す文字を作り出すことができる。たとえば、電卓やデジタル時計の文字盤を考えていただきたい。そこには「田」の字を縦に長くしたような図形がならんでいるが、その一部を光らせることにより、任意の数字を表すことができる。文字盤にならぶ記号はいうなれば、アラビア数字の字源図というわけだ。神代文字の場合、字源図の各部分は音韻の特徴を形象化したものとみなされる。

音の特徴を幾何学的図形に置き換え、それを組み合わせて音節を表すという方法は朝鮮李朝のハングルに見ることができるが、それが日本の字源図に影響したかどうかは定かではない。

国学者の山口志道《しどう》（一七六五〜一八四二）は自らの家に伝わったという図形「布《ふ》斗《と》麻《ま》邇《にの》御《み》霊《たま》」と、音韻を示す訓点を火と水の勢いで説明する神道秘伝「水火伝《みずほのつたえ》」（京都・伏見稲荷大社のご神体を写したという伝説から「稲荷古伝《いなりこでん》」ともいう）を組み合わせ、片仮名の字源図を作り出した。山口によると、この字源図を参考にして『古事記』を読めば、そこに隠された宇宙創造の秘儀が読み取れるという。

一方、山口の同時代の中村孝道《こうどう》はやはり日本語の音韻を図形に置き換えることで、言語そのものに隠された神秘を求めようとした。その研究の結果、生まれたのが水茎《みずくき》文字であり、その構成は字源図を前提に示されるものだった。

山口・中村の思考が示すように、日本では、字源図はオカルト的な言語観に基づいて登場したものだったのである。それがやはりオカルト的な言語観を背景とする神代文字と結びつくのは自然なことだった。

落合直澄の『日本古代文字考』には、日文真書《ひふみまな》、アナイチ文字、コレタリ文字、ヲシテ、筑紫文字、忌部《いんべ》文字などさまざまな神代文字の字源図が示されている。もっとも、豊国文字、日文草書《ひふみそうしょ》、阿波文字など、実在の古代文字と関連する可能性がある文字に関しては、さすがの直澄も字源図の示しようがなかったようである。字源図が明確に示せるということは、それだけ、その文字における人工の度合いが高いことの証左なのだ。

◎音と図形

さて、モダンアートの世界では、音声そのものを幾何学的図形に置き換える方法がよく知られている。それはクラードニ図形といわれるもので、上向きのスピーカーの上に振動板を置き、その上に粉をまいてスピーカーを作動させることで簡単に作り出せる。この図形はドイツの物理学者エルンスト・F・P・クラードニ（一七五六～一八二七）が発見したものでかつては音の波形を調べるためによく用いられた。しかし、オシロスコープの発達により科学の世界では次第に用いられなくなり、一部の芸術家たちによって作られ続けるだけになってしまった。

音を図形に置き換えるということで字源図とクラードニ図形には一脈通じるところがあるようだ。そうした観点から神代文字を見直すのも一興というものだろう。

神代文字の原点──結縄刻木と十二支文字──

※【沖縄の歴史】知っているようで知らないこと。「いや、これに関してはさすがの彼も沖縄の歴史だろう」

いと・みつお『沖縄笑百科』

◎『日本書紀』以前に使われた「古字」とは

古代日本に現在知られている漢字や仮名とは異なる文字があった──その可能性を示唆する記述は正史『日本書紀』にもある。『日本書紀』第一九巻・欽明天皇（在位五三九〜五七一）二年の注には次の文が見られるのだ。

「帝王《すめらみことの》本紀《もとつふみ》に多《さわ》に古字《ふるきみな》ありて、選び集める人しばしば遷《うつ》り易《か》はることを経《へ》たり。後人習ひ読むとき、意《こころ》を以《もっ》て刊《けず》り改む。伝へ写すこと既《すで》に多にして、遂にたがひまよふことを致す」

つまり『日本書紀』の基礎資料となった「帝王本紀」という本には、「古字」が多く用いられていたうえ、世代交代でその「古字」の読み方を知る人もいなくなったため、後の人が推測を加えるうちに正確な意味がわからなくなってきた、という意味である。

この「古字」について漢字渡来以前の文字、すなわち神代文字であろうと説く論者がある。しかし、この「古字」は日本語を表現するための古い表記法という意味で、実態としては漢字とみなすのが妥当だろう。

◎日本独自の文字を創作する天武天皇の「新字」

むしろ、『日本書紀』の記事で興味深いのはモリツネ文字の項で触れた、天武天皇時代の「新字」である。これは明らかに神代のものではないということで、従来、神代文字研究家の注意を引かなかった記述だ。しかし、仮名定着以前の古代日本で、独自の文字を作ろうという試みがあったという可能性は、もっと注目されてしかるべき記事といえよう。

◎縄を結ぶ記録法

忌部《いんべ》文字の項で触れたが神代文字否定論の根拠に必ずといって持ち出されるのが『古語拾遺』（斎部広成《いんべのひろなり》著、八〇七年頃成立）序文の次の一節だ。

「蓋《けだ》し聞く、上古の世、未だ文字有らず、貴賤老少、口々に相伝へ、前言往行、存して忘れず。書契《しょけい》以来、古を談るを好まず」

この文は漢籍を典拠としている。『易経』に「上古縄を結びて治む。後世聖人之《のちのよ》に易《か》ふるに書契を以てす」、『古文尚書』序に「古へ伏犠《ふつぎ》氏の天下に王たるや、始めて八卦《はっけ》を画《かく》し、書契を造り、以て結縄《けつじょう》の政《まつりごと》に代ふ」というのがそれだ。つまり文字成立以前の中国では、縄を結ぶという記録法があったが、聖人（太古の聖王・伏犠氏）が書契（漢字）を作って以来、それが結縄にとって代わった、という意味だ。

広成が太古の日本の状況を説明するのに、漢籍を典拠に用いたということは、中国で起きたのと同じようなことが日本列島でも起きた、ということを暗に示したのだろうか。

隋朝（五八一～六一八）を主な対象とする中国正史『隋書』倭国伝には、次の一節がある。

「文字無し。ただ木を刻み縄を結ぶのみ。仏法を敬《けい》し、百済において仏経《ぶっきょう》を求得《ぐとく》して、始めて文字あり」

つまり、漢字渡来以前の日本列島では、縄を結んで物覚えに用いるだけではなく、木に何らかの記号を刻んでいたというわけだ。これらは現代人の認識では、一種の文字といってよいだろう。なお、この記述では、日本で漢字による記録が始まるのは百済からの仏教伝来と同時だったことになる。これは中国での認識を示すものとして興味深い。

大江匡房《おおえのまさふさ》（一〇四一～一一一一）は『筥崎宮記《はこざきぐうき》』の中で、日本で始めて「結縄の政」に代わって文字が用いられるようになったのは、箱崎宮（現福岡市東区箱崎）の地であった、と明記している。また、一条兼良《かねよし》（一四〇二～一四八一）著『日本書紀纂疏《さんそ》』や『二中歴《にちゅうれき》』（鎌倉時代初期成立）、『宗像大菩薩御縁起《むなかただいぼさつ》』（鎌倉時代末期成立）など中世の文献にも文字伝来以前は縄を結び、木を刻んでいたとの記述がある。これらは『隋書』倭国伝の傍証といいうるものである。

もっとも、「結縄刻木」とは漢籍で文字使用以前の状況を示す慣用的表現にすぎない、との説もあるが、結縄すなわち縄文字を用いる文化は歴史的にも実在していた。歴史上の縄文字としては南米ペルー、インカ帝国で用いられていたキープが有名だ。

インカ帝国ではキープで人口や貢納など行政に必要な情報を克明に記録できたため、記述用の文字が発達しなかったという。

◎沖縄の結縄

日本列島内でも、沖縄では、琉球王朝時代（一三世紀頃〜一八七九）、藁縄《わらなわ》を結んで多くの情報を伝え残す技術があり、「藁算」と称されていた。また、売買契約などのため、漢字とも日本の仮名とも異なる記号を木片に刻む習慣もあった。あるいは、それは、日本列島主要部で失われた古代の「結縄刻木」が琉球弧に残っていたものかもしれない。

さて、沖縄は神代文字という概念の起

図65

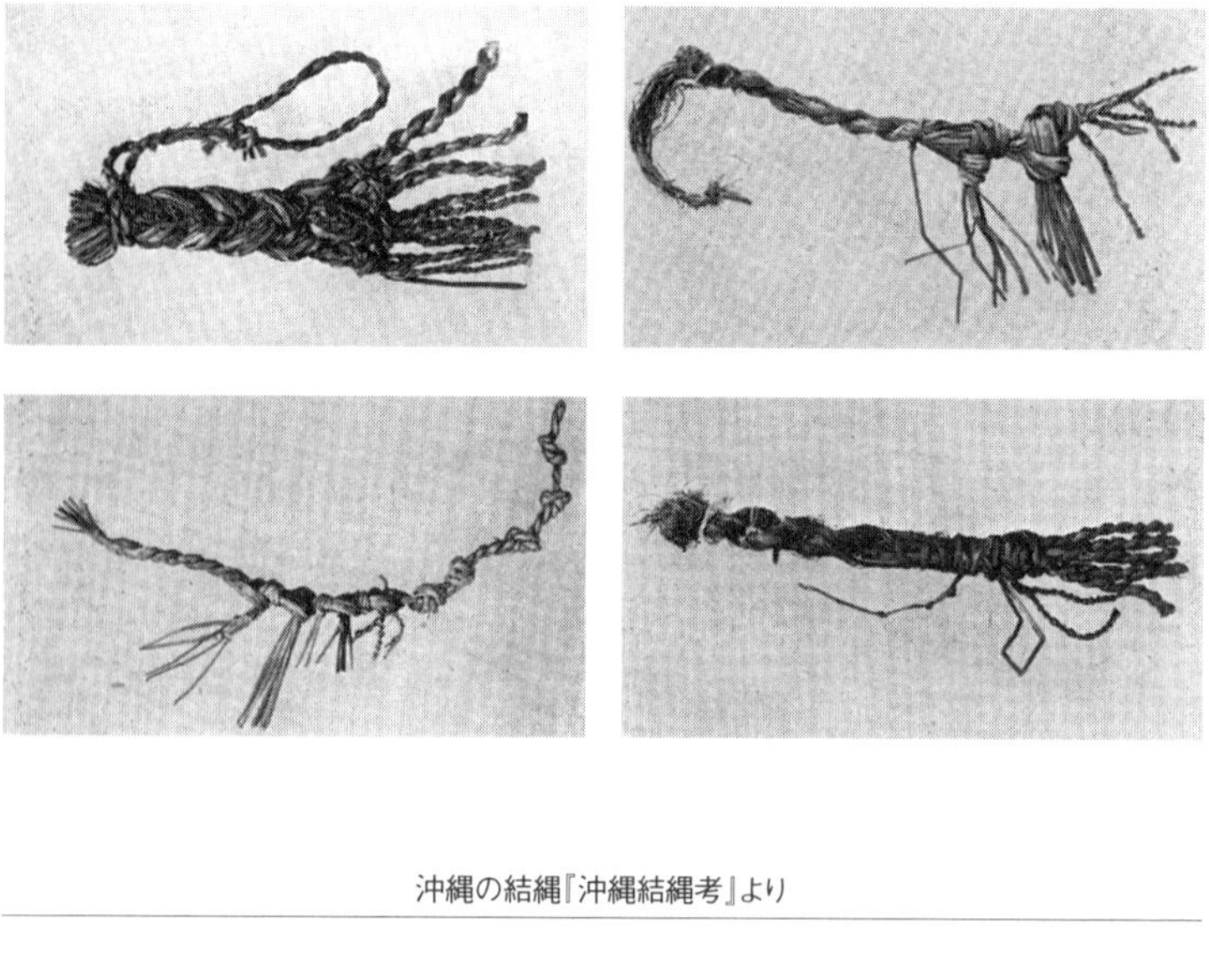

沖縄の結縄『沖縄結縄考』より

源を考えるうえでも重要な地域である。江戸時代の天文家・渋川春海《しぶかわしゅんかい》（一六三九～一七一五）は、著書『瓊矛拾遺《とほこしゅうい》』（一六九九）で、十二支を示す異体文字を提示した。

春海の門下・跡部光海《あとべこうかい》（良顕、一六五九～一七二九）は著書『和字伝来考』（一七二四）で春海からその文字を伝授された時のことを記している。

「世間に神代の文字と云って伝授する者あり。これは天竺梵字《てんじくぼんじ》また道家の霊符に用る字なれは皆用かたし……渋川春海翁神代の文字十二支名を書たるを求いたし、垂加《すいか》霊社へ見せられたれはこれ神代の文字に極りたりとのたまひしと也。これに予に伝授せられたる秘伝とし、門弟にも伝授するなり」

つまり、当時、世間で神代文字と称して流布していたのは、いずれも梵字や中国道教の護符そのもので信用ならないものだった。ところが春海は本物の神代文字を探しだすことに成功した。その文字は神道家・儒学者として有名な山崎垂加（闇斎《あんさい》、一六一八～八二）に見せても本物の神代文字とのお墨付きをいただけるものだった。光海は春海からその文字の伝授を受け、さらに門弟にも伝授することにした、というわけである。十二支とは「えと」のこと。東アジアでは古くから占いに用いられてきたものである。

光海のこの文は「神代の文字」という語がその実物サンプルの提示とともに用いられた、もっとも初期のものとして注目される。

ところが、山田孝雄《よしお》はこの十二支文字が春海や光海の著書よりも早く、袋中《たいちゅう》（一五五二～一六三九）の『琉球神道記』（一六〇五、刊行は一六四八）に出てくることを指摘した。袋中は琉球桂林寺の開山となった浄土宗の僧である。

山田は、光海はその出処を確かめようとせず、迂闊《うかつ》にも琉球の十二支を神代文字と思い込んだものと決め付けている。

◎『琉球神道記』の十二支文字

さて、『琉球神道記』ではこの十二支文字についてどのように伝えているのか。その昔、女官や巫女が集まり、波上《はじょう》（現那覇市若狭）の拝殿に社屋を建てようとした。ところがその竣工が悪い日に当たっていたため、天人が降りてきて、占い師になぜ悪い日を選んだのか聞いた。占い師が日取りのことは聞かれなかったから答えなかったまでだ、と答えたため、天人は聞かれなくとも教えるのが占い師の職分だ、と

図66

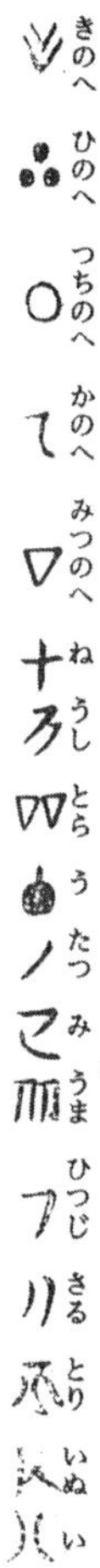

『琉球神道記』の十二支文字

怒って文字を奪い、天に帰ってしまった。占い師の手元に残されたのは十二支の文字だけで、後の人はその文字を用いる占いしかできなくなったという。

つまり、琉球には古くから伝わっていた占いの秘事があったが、今（江戸時代初め頃）は失われてしまった。十二支文字はその残された断片というわけである。

春海や光海がこの十二支文字が琉球に伝わっていたことを知らなかったとは限らない。むしろ、そのことを承知のうえで、十二支文字は琉球で、失われた知識の断片として伝えられていたものだからこそ、神代の文字に違いない、と考えたのではないだろうか。

神代文字の典型とされてきた日文真字の正体が朝鮮半島のハングルだったのは前に見てきたとおりだが、江戸時代の知識人は、半島に大和朝廷の出先機関（任那《みまな》日本府）があったという『日本書紀』の記述を信じ、古代の朝鮮は日本の属国だったとみなしていた。

琉球にしろ朝鮮にしろ、当時の日本の知識人の認識では、日本の辺境（もしくは辺境だった地）にほかならなかった。神代文字信奉者たちは、その辺境に、中央から失われた記憶、すなわち「神代」の残存を見出していたのではないか。

そうしてみると十二支文字や日文真字は、琉球や朝鮮の文字でありながら神代文字とみなされた、というより琉球や朝鮮の文字だからこそ、神代文字（の残存）と認められた、と解するべきなのかも知れない。

なお、十二支文字については、その起源が実際に古代までさかのぼる可能性があるが、その点については後に改めて述べる次第である。

神代文字練習帳 18

問1

伊勢神宮の神代文字文書「図43　稗田阿礼」の文字を読んでみましょう。
巻末の表2「日文草書（アヒルクサ文字）」を参照してください。

（答・ヤマトホコアマツミシロトヨクニナルヒメミコト　ツチノヘサル　大和穂子天津御代豊国成毘売天皇　戊申）

暗号としての神代文字

※人間の考案したものなら、何だって人間に解けるはずだ。
ドイル「踊る人形」『シャーロック・ホームズの復活』所収（大久保康雄訳）

◎文字を使った暗号

古代世界において暗号は、軍事目的、すなわち機密保持のために発達したという。一方で現在、多くの人にとって身近な暗号といえば、パズルや推理小説に登場するものだろう。

しかし、近年の電脳化社会においてもっとも重要視されているのは、電子情報の暗号化技術だ。カード一枚に個人情報が詰め込まれるこの時代、データの暗号化を進めなければ預金残高と口座番号を顔に書いて歩いているのと同じ、ということになりかねない。

さて、それはさておき、文字を使った暗号には大きく分けて三つの種類がある。文字が書かれた場所そのものを隠す「ステガノグラフィ」、単語・音節などを事前に決めた符号に置き換える「コード」、通信文の一字一字を一定の法則にそって置き換える「サイファ」だ。その内、コード式暗号の代表はアーサー・コナン・ドイルの「踊る人形」に登場する絵文字だろう。それはアルファベットを人形が踊っている形に置き換えることで、英語の文章を表すというものだ。

五十音図やヒフミ歌で表された神代文字は、日本語の音節を記号に置き換えたものだから、そのままコード式暗号に用いることができる。実際、推理小説で神代文字を暗号として用いた例は、荒巻義雄氏、中津文彦氏、邦光史郎氏らの作品に見ることができる。

また、神代文字にコード式暗号としての性格があるということは、その文字を知らない人でも、適切なヒントさえあれば、解読が可能ということだ。

現に狩野亭吉《かのうこうきち》は『竹内文書』に含まれる豊国《とよくに》文字文書について、豊国文字を知らないまま解読を行い、それに成功している。その際、狩野が用いた方法は、ドイルの作中で探偵ホームズが「踊る人形」解読に用いた手法と基本的には同じものだ。

吾郷清彦が南朝伝神代文字について、南朝の軍事暗号用の文字と想定したことは、すでに述べたとおりである。

◎ヲシテは暗号か

ヲシテ（ホツマ文字）についても、暗号用に作られた文字だったとする説がある。林直道氏は全文がヲシテで書かれた古史古伝『秀真伝《ほつまつたえ》』の成立過程について次の説を唱えた。

「①『ホツマツタヘ』は本物の古代文書であった。ただし文字は普通の字（漢字）で書かれていた。

②それは、ある理由のもとに、厳重に人目を避けて特定の人々の間で秘蔵され、伝えられてきたが、後の時代になって新たに考案された暗号文字（ホツマ文字）に写しかえられた。

③元の古文書は焼却されて消え、暗号文字版『ホツマツタヘ』のみが残った」（林『日本歴史推理紀行』）

林氏は、漢字で書かれた原『秀真伝』を想定し、それが秘蔵された理由について、天照《あまてらす》大神《おおみかみ》を男神とする記述が、記紀成立後の日本では危険思想だったからではないか、とする。また、「暗号文字」が作成された時期については、「十五世紀後半よりも後の時代に、ハングル文字にヒントを得てつくられたもの」と推定している。

もっとも、原『秀真伝』があったとして、それが林氏が想定するように古代にまでさかのぼるという根拠はない。『秀真伝』の出現は安永年間（一七七二〜一七八〇）以降だが、その頃、天照大神男神説は特に危険思想というわけではなかった。すでに江戸時代初期の僧・円空（一六三二〜一六九五）は天照大神像を男神として彫っている。伊勢外宮《げくう》の神官・度会延経《わたらいのぶつね》（一六五七〜一七一四）や儒学者・荻生《おぎゅう》徂徠《そらい》（一六六六〜一七二八）、やや遅れるが博物学者の山片蟠桃《やまがたばんとう》（一七四八〜一八二一）も天照大神男神説を説いている。

『秀真伝』で天照大神が男神となっていることについては、記紀以前の伝承というよりは江戸時代の男神説の反映とみなすのが妥当だろう。

林の指摘で興味深いのはヲシテにハングルの影響を認め、したがってその文字の成立が一五世紀後半より前にはさかのぼりえないとするところだ。

◎人と神を通信させる暗号

五十音図やヒフミ歌で表される神代文字に、コード式暗号としての機能があるのは確かだが、それは神代文字が暗号として作成されたことを意味するものではない。

文字は人と人とがコミュニケートするためのツールであり、暗号は人が特定の相手とのみコミュニケートするために特に作ったツールである。

では、神代文字とはいかなるものか。神代文字が占いやお守りに用いられるのは、それが神の言葉を届ける、もしくは人の願いを神に届けるという機能を期待されてのことだろう。つまり、神代文字とは、人が神の世界とコミュニケートするためのツールとして特に作られたものなのである。神もまた人にとって特定の相手と考えるならば、その特定の相手への通信に用いられる神代文字が暗号としての機能を持つことも当然、ということになるだろう。

神代文字練習帳 19

問1

伊勢神宮の神代文字文書「図46　菅原道真」の文字を読んでみましょう。
巻末の表2「日文草書（アヒルクサ文字）」を参照してください。

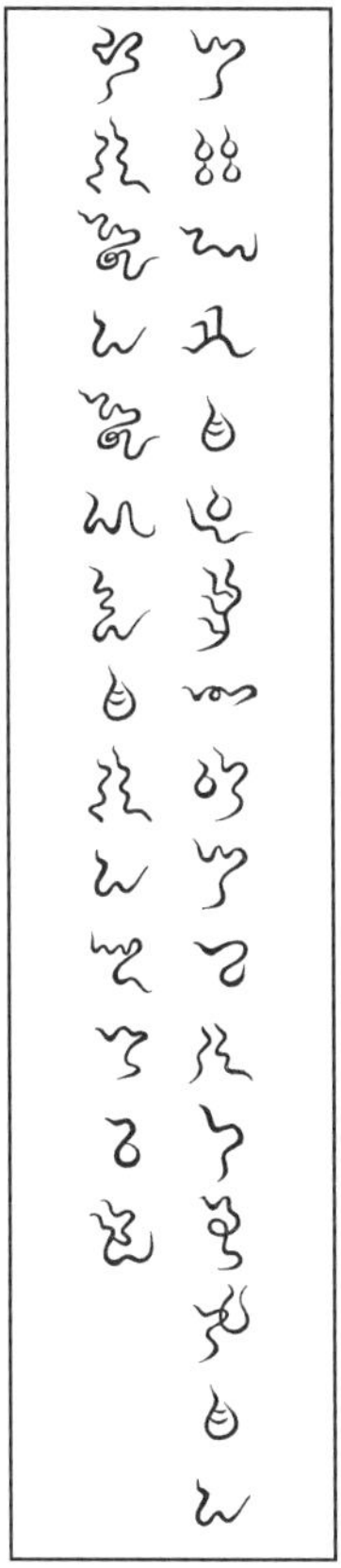

（答・コチフカハ　ニホヒオコセヨ　ウメノハナ　アルジナシトテ　ハルナワスレソ　「東風吹かば
匂ひおこせよ梅の花　主なしとて春な忘れそ」）

神代文字と考古学

※一切の過去にたいして、わたしが憐れみをおぼえるのは、それがいいなりになっているのを見るからだ、―あとからくる世代は、過ぎさった一切を、自分のところにみちびく橋と解釈する。一切の過去はそうした世代の恩恵なり、精神なり、狂気なりのいいなりになっている！

ニーチェ『ツァラトゥストラはこう言った』より（氷上英廣訳）

◎巨石に刻まれたペトログラフ

二〇〇六年九月一三日、青森県埋蔵文化財調査センターは、青森市近野遺跡で出土した縄文時代後期（推定約三五〇〇年前）の石器に三人の人物を描いた線刻画が発見されたと発表した。石器は、幅七・四センチ、高さ六・一センチ、厚さ四・一センチで祭祀用の石冠と思われる。

さて、この線刻画は本書で紹介したアイヌ文字にそっくりである。あるいは読

図67

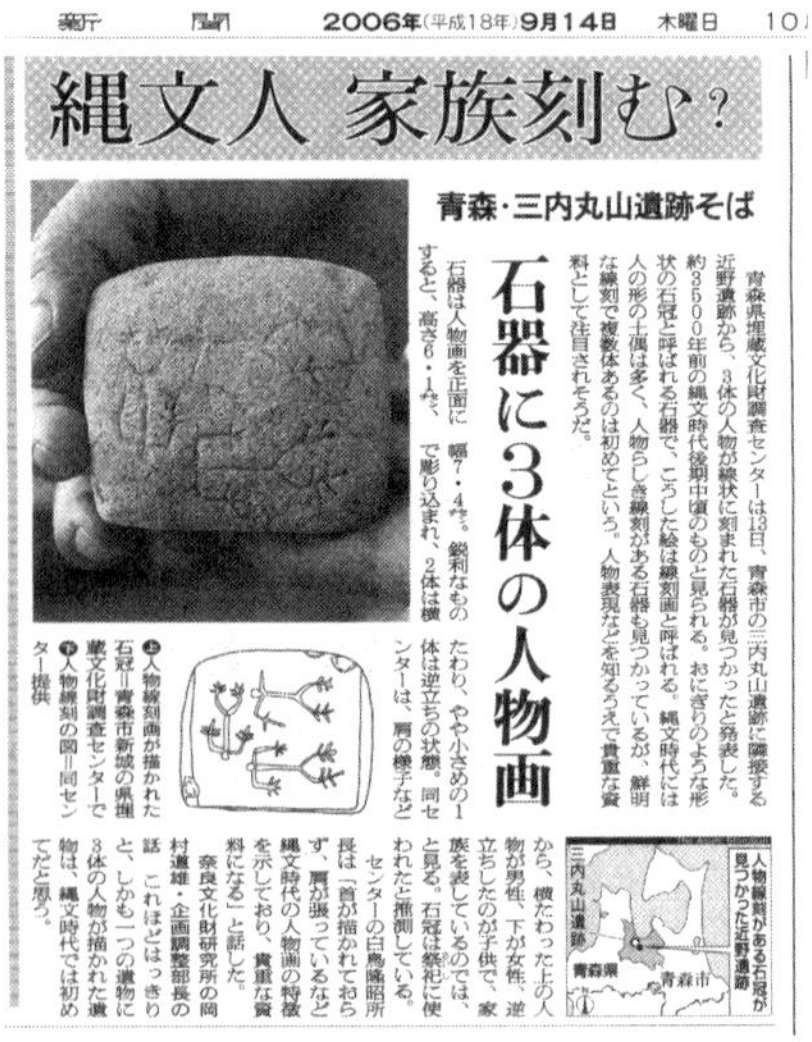

新聞　2006年(平成18年)9月14日　木曜日　10

縄文人　家族刻む？

青森・三内丸山遺跡そば

石器に3体の人物画

青森県埋蔵文化財調査センターは13日、青森市の三内丸山遺跡に隣接する近野遺跡から、3体の人物が線状に刻まれた石器が見つかったと発表した。約3500年前の縄文時代後期中頃のものと見られる。おにぎりのような形状の石冠と呼ばれる石器で、こうした絵は線刻画と呼ばれる。縄文時代には人の形の土偶は多く、人物らしき線刻がある石器も見つかっているが、鮮明な線刻で複数体あるのは初めてという。人物表現などを知るうえで貴重な資料として注目されそうだ。

石器は人物画を正面にすると、高さ6・1センチ、幅7・4センチ。鋭利なもので彫り込まれ、2体は横たわり、やや小さめの1体は逆立ちの状態。同センターは、肩の様子などから、横たわった上の人物が男性、下が女性、逆立ちしたのが子供で、家族を表しているのでは、と見る。石冠は祭祀《さいし》に使われたと推測している。

センターの白鳥隆昭所長は「首が描かれておらず、肩が張っているなど縄文時代の人物画の特徴を示しており、貴重な資料になる」と話した。

奈良文化財研究所の岡村道雄・企画調整部長の話　これほどはっきりと、しかも一つの遺物に3体の人物が描かれた遺物は、縄文時代では初めてだと思う。

㊤人物線刻画が描かれた石冠＝青森市新城の県埋蔵文化財調査センターで　㊦人物線刻の図＝同センター提供

朝日新聞2006年9月14日の記事

図68

絵文字	意味	表音	解読
	トンボ	アキツ	秋津
	鹿を射る人	イルカ	入鹿
	高床倉庫	タカクラ	高御座
	イモリ	イモジ	鋳物師
	工具を振る人	フルヒト	古人
	臼をつく人	キツク	造く
	トンボ	アキツ	秋津
	魚をくわえた亀	マナカミ	真神
	イモリとスッポン	イモジのオヒト	鋳物師の長
	カマキリとクモ	カモ	加茂
	魚をくわえた二羽の鳥	ツヒナトリ	角足
	狩人と犬	タスク	助く

大羽弘道による銅鐸文字解読の例

者のなかにはその解読を試みられる方もあるかもしれない。

縄文土器の文様、弥生土器の線刻、銅鐸絵画、古墳壁画などを文字として解読しようという試みは、戦後、大羽弘道、相馬龍夫らによってその先駆的な試みがなされ、さらに川崎真治氏、高橋良典《よしのり》氏らによって精力的に進められた（図68）。

また、日本各地の巨石に古代文字が刻まれていると主張し、その探索を続ける人々もある。彼らはそのような巨石の「文字」をペトログラフと呼ぶ。

そもそも本書に取り上げた筑紫文字、出雲文字、アイヌ文字も、江戸時代から明治期にかけて、古代の遺物から文字の痕跡を求めようとした試みの産物だったのである。

しかし、現在までにこのような試みは考古学者をも納得させるだけの証拠を示すにいたっていない。ペトログラフにいたっては、研究者の報告を現地で確認すると単なる自然石の亀裂だったりする始末だ。

古代の考古学的出土物から、漢字以外の文字を検出する確認された例は皆無といってよいのである。この点も神代文字を実在の古代文字と考える大きなネックとなっている。

◎日本での漢字使用はじめ

日本列島で漢字が用いられるようになったのはいつのことだろうか。邪馬台国論争で有名な『三国志』魏志倭人伝によると、北部九州の伊都国《いとこく》（現福岡市前原市方面か）に一大率《いちだいそつ》という機関が置かれ、帯方郡《たいほうぐん》（朝鮮半島に置かれた中国側の郡）から の外交文書の内容を確認したり、倭国から魏や帯方郡、韓国に出す外交文書にチェックを入れていたとある。したがって邪馬台国時代（三世紀前半）には倭国でも外交のために漢字が用いられていたことは間違いない。

この時代に相当すると思われる出土物には、漢字が書き込まれたと思われる例がある。以下に、その主な出土地と推定年代を列挙しよう。

鹿児島県南種子町・広田遺跡、二世紀頃（弥生時代後期）、「山」字を刻書した貝製品
三重県安濃町・大城遺跡、二世紀中頃（弥生時代後期）、「奉」字を刻書した土器
三重県松阪市・貝蔵遺跡、二世紀末（弥生時代後期）、「田」字を墨書した土器
福岡県前原市・三雲遺跡、三世紀（弥生時代後期）、「鏡」字を刻書した土器
長野県木島平村・根塚遺跡、三世紀（弥生時代後期）、「大」を刻書した土器
熊本県玉名市・柳町遺跡、四世紀前半（古墳時代前期）、「田」字を墨書した木製品

三重県松阪市・片柳遺跡、四世紀前半（古墳時代前期）、「田」字を墨書した土器

ただし、これらの事例については、漢字に似た単なる記号という説もあり、また「田」と読めるものについては、それに似た別字、たとえば「巫」の旧字体という説などもあって、考古学界でも文字遺物としての評価や読み方は一致していない。

世界史を見た場合、高度な文明が常に表記用の文字を持つとは限らない。インカ帝国はキープ（縄文字）と伝令による口頭だけでペルーからボリビア、チリ、エクアドルにまたがる広大な領域を統治していた。川田順造氏は西アフリカのモシ王国が現在でも文字なしで王朝の伝承を語り伝え、独自の行政機構を確立していることを報告した。

日本列島では国家形成の早い時期に漢字を受け入れたため、わざわざ表記用の文字を独自に作らなくともよかったと考えるべきだろう。

日本列島で漢字以外の文字が発祥したとすれば、それは漢字伝来以降、その影響によるものと考えられる。現に日本人が用いている漢字以外の文字、片仮名と平仮名はどちらも漢字から作られたものなのである。

◎銅鏡に書かれた文字はただの模様か

では、片仮名、平仮名以外に日本列島で漢字から派生した文字は存在するものだろうか。その意味で注目されるのが古墳から出土する銅鏡に多数見られる擬銘帯である。

中国で作られた鏡には、鏡の持ち主を祝福するためのめでたい文句（吉祥句）や鏡が鋳造された時を記念する言葉がしばしば裏面に書き込まれている。

ところが日本の古墳から出土する鏡では、しばしば漢字としては読めない「銘」として書き込まれている。これは文字の観念を持たない工人がお手本の中国鏡にあった銘文を単なる文様と考え、似せて書いたというのが通説だ。それゆえ、そ

図69

新山古墳出土「変形方格規矩四神鏡」

のような鏡の「銘」のことを擬銘帯もしくは偽銘帯という。

しかし、擬銘帯を残した工人は本当にみな文字の観念を持たなかったのだろうか。なかには、文字の観念を理解したうえで漢字と別の文字を書き込んだものもいるのではないか。

たとえば、奈良県北葛城《かつらぎ》郡広陵町の新山古墳（古墳時代前期、四世紀後半）から出土した変形方格規矩四神《ほうかくきくししん》鏡《きょう》。それには擬銘帯とともに十二支の異体字が記されている（図69）。

図70

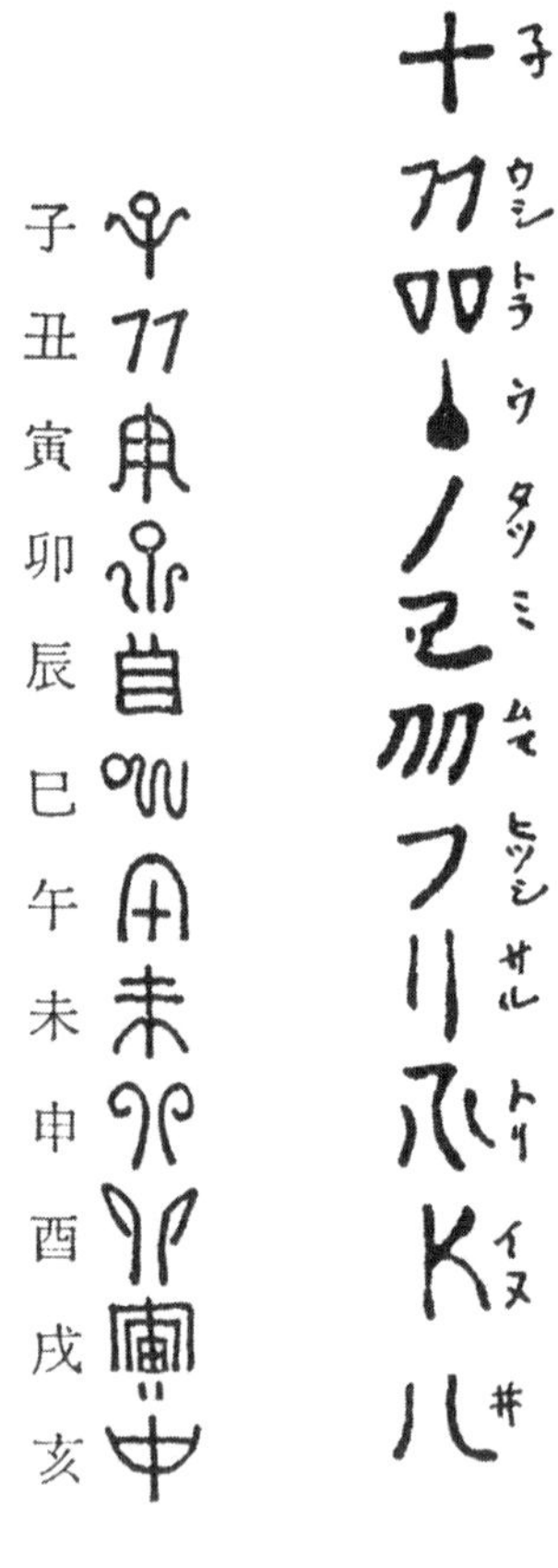

渋川春海伝授の十二支文字（右）
新山古墳出土鏡擬銘帯の十二支文字（左）

そのうちの子《ね》・丑《うし》・卯《う》・巳《み》・申《さる》・酉《とり》にあたる六文字は、先述の渋川春海伝授の十二支文字、すなわち「神代の文字」と類似しているのである（図70）。

この「神代の文字」が琉球に伝わっていたものであるのは先に指摘したが、あるいはその原型は日本列島で形成され、いったん琉球に伝わって祝女の間に伝えられた後、内地に逆輸入されたものとも考えられる。あるいは、新山古墳出土鏡は、古代人が中国の十二支を受け入れながら、その表現として漢字とは異なる文字を模索して、その形跡を示しているのではないか。となると、その同じ鏡の擬銘帯も単なる文様とみなすのは早計であろう。

中央大学教授だった故・稲生典太郎は擬銘帯が日本独自の文字である可能性を示唆し、擬銘帯鏡の出土地名表作成や擬銘帯サンプルの収集・整理の必要性をうったえたが、その提言から三〇年を経た今も考古学界は冷淡な態度をとり続けているようである。

神代文字のうちのあるものはその起源が何らかの形で古代にさかのぼるかもしれない（もちろんヒフミ歌や五十音図に配列されたのは近世以降のことであろうが）。その可能性を検討するには擬銘帯をはじめ、従来、文字遺物と考えられていなかった考古学的出土物への再検証が必要になるだろう。

あとがき

神代文字は一般に漢字伝来以前の日本独自の文字という意味で用いられてきた言葉である。しかし「神代」という語、それは単に漢字伝来以前といった意味のものではない。

記紀での神代は初代・神武天皇の東征が始まる前までの時代? を指している。『日本書紀』では、年次記載が始まるのは神武東征からで、それ以前に紀年はない。また、記紀ともに神代の記事で主人公は人間ではなく、神々であるとされる。つまり、神代とは、人間の時代が始まる以前、絶対年代が表示されることがない神々の世界のことなのである。神代よりも後の記事を「歴史」とすれば神代の記事は「神話」と言い換えることもできるだろう。

いわゆる「古史古伝」の多くは、記紀で神代に相当する時代をも「歴史」として語ろうとする。「歴史」となれば、その年代を示すための暦法も整えられていなければならないし、その暦を記録するための文字も必要になってくる。「古史古伝」がしばしば神代文字で書かれていたり、神代文字に関する伝承をともなっていたりするのはそのためだ。

神代とは、私たちの父祖が「歴史」以前の世界に設定した異世界と考えることもできよう。神代文字は、その異世界の文字にほかならない。それゆえ、神代文字はこの私たちが住む世界を映す鏡となりうる。それは、文字とは何か、言語とは何か、そして、日本とは何かといった問いへの答えを示す魔法の鏡となるかもしれない。

本書を著すまでに私は多くの先学、朋友のご教示を得てきた。特筆すべきは、戦後に神代文字・古史古伝研究を復興した故・吾郷清彦先生と、神代文字を架空文字という視点から精緻に分析した木村守一氏（『絹と立方体・架空の文字の図典』著者）である。この場を借りて謹んでお礼申し上げる次第である。

神代文字五十音表

表1 日文真字（アヒル文字）

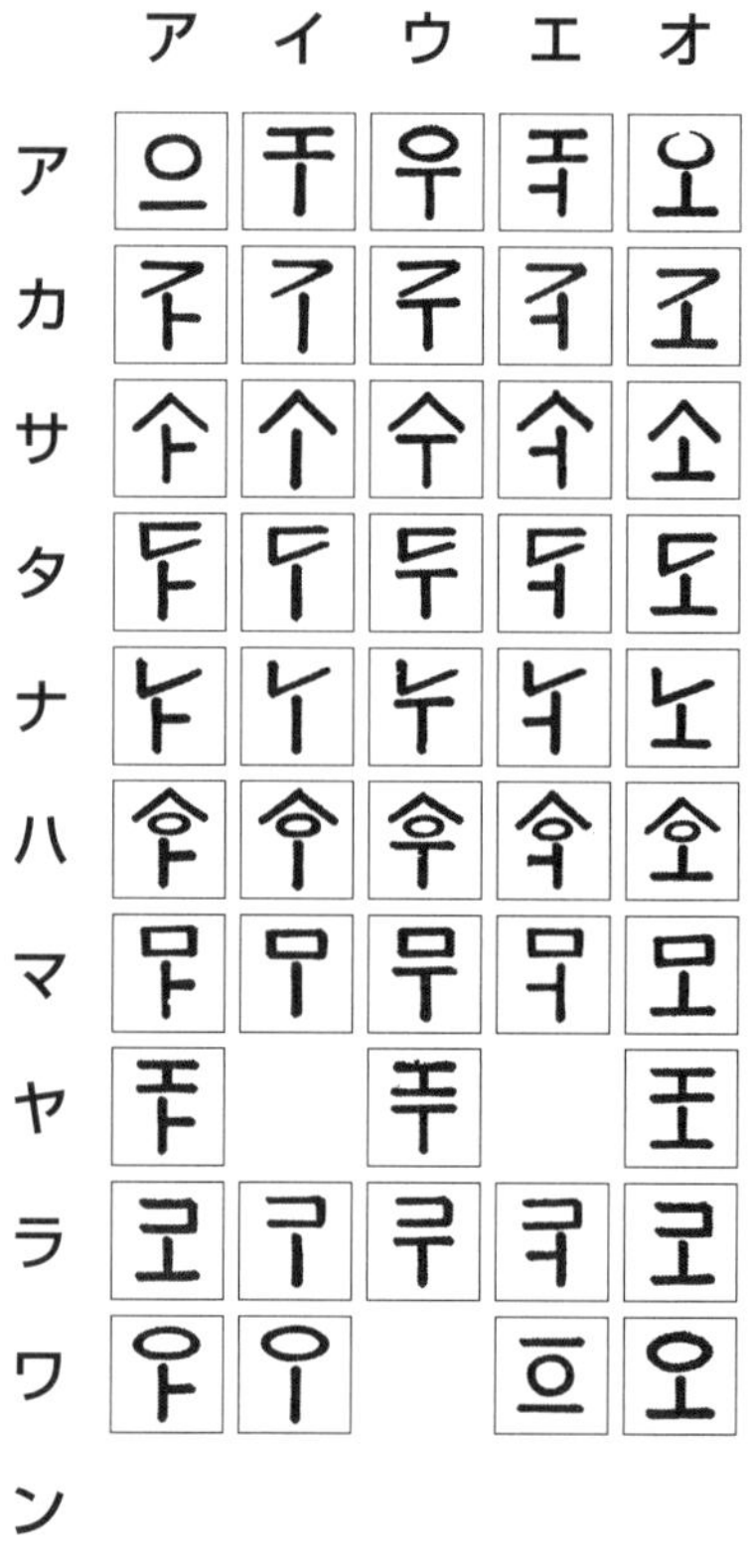

表2 日文草書（アヒルクサ文字）

表3 アナイチ文字

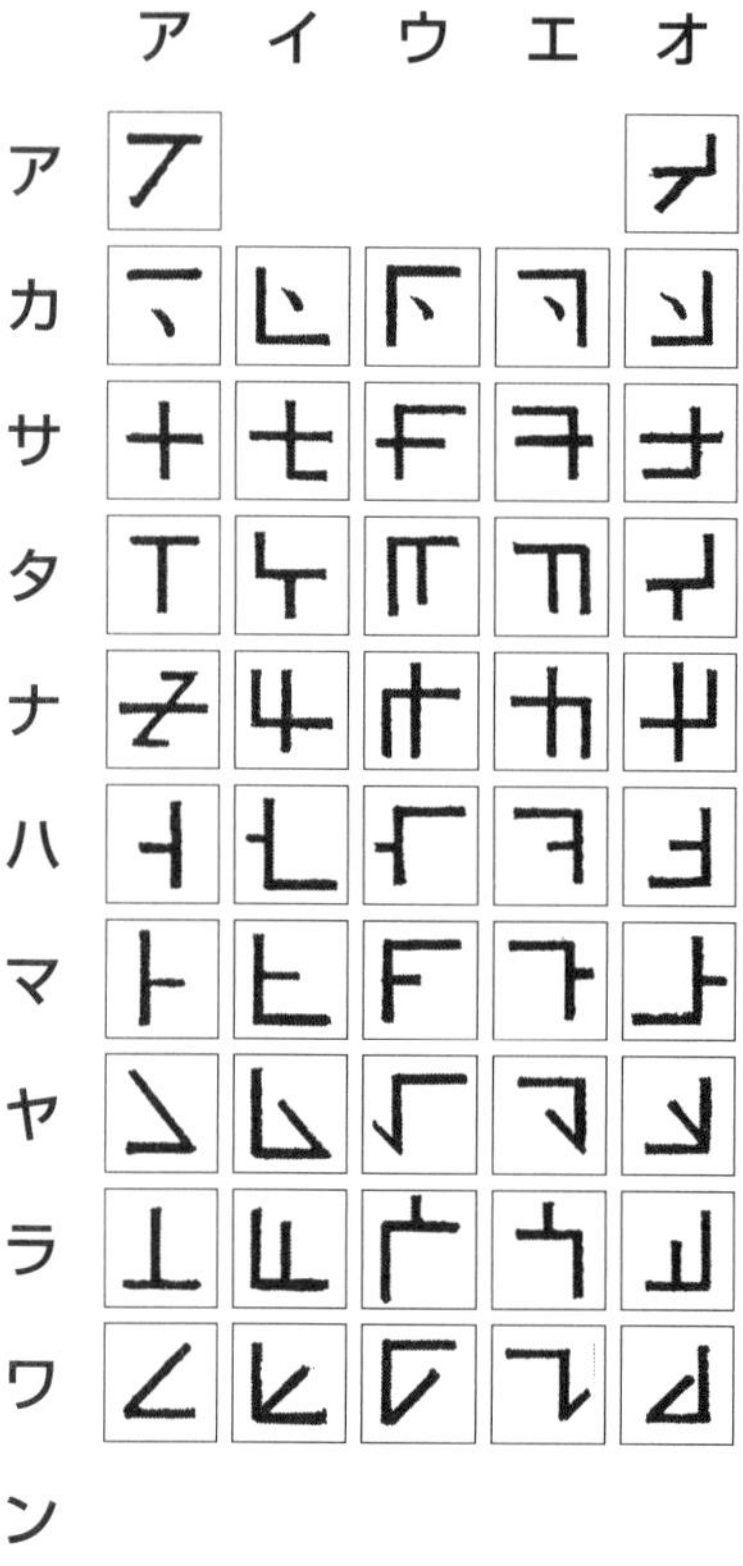

表4 ヲシテ（秀真文字）

表5 阿波文字

表6 吉備文字

表7 モリツネ文字

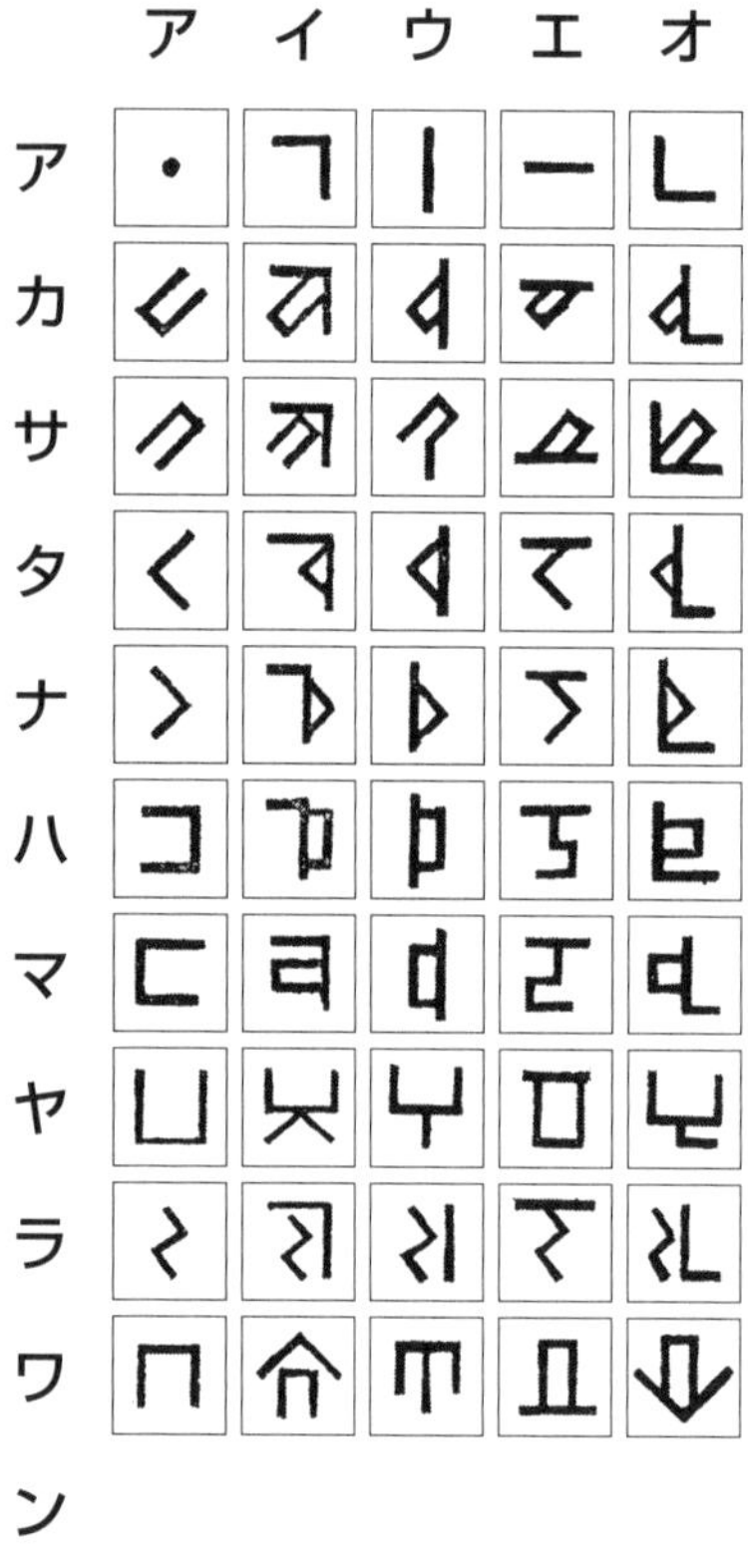

表8 モリツネ文字(草体)

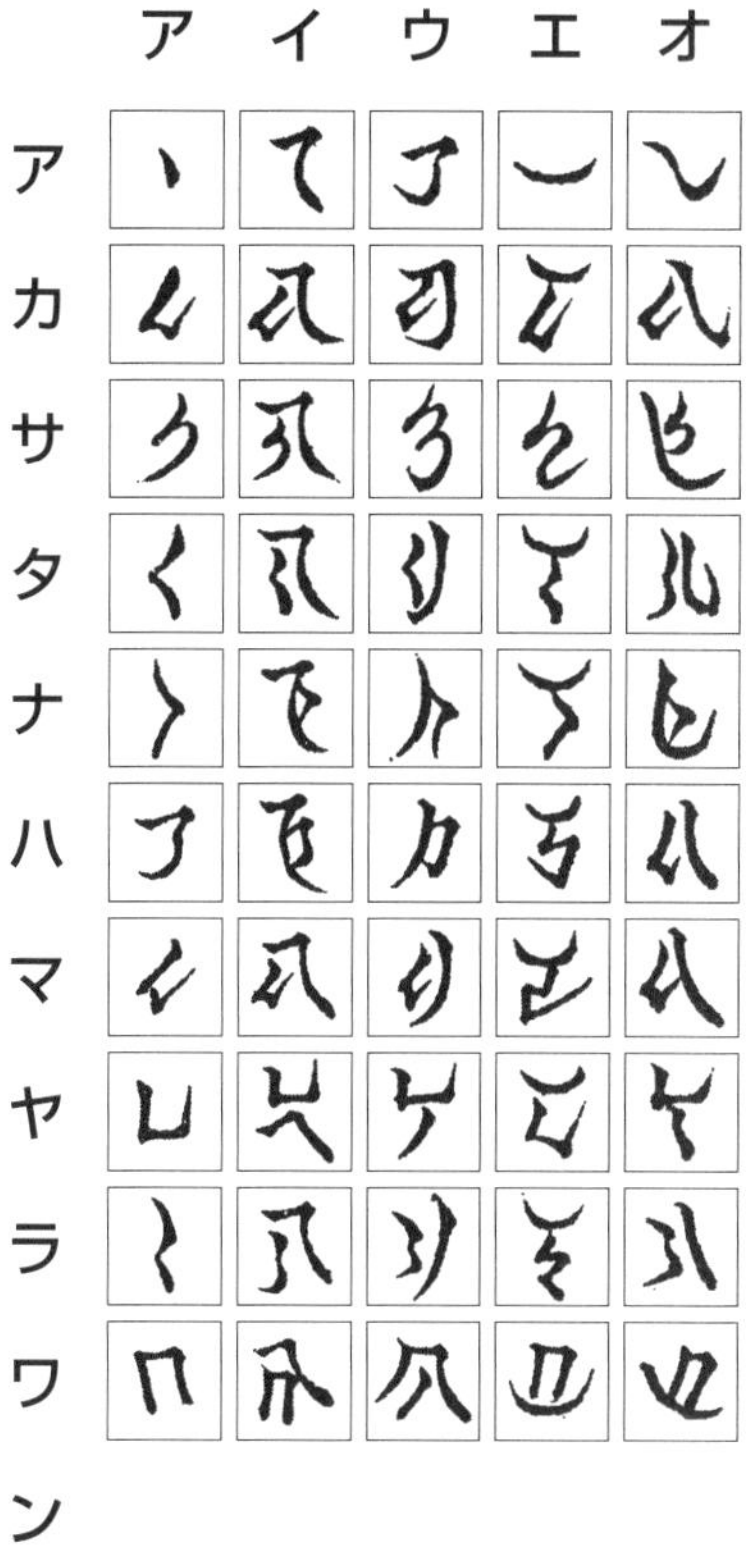

表9 コレタリ文字1

表10 コレタリ文字2

※便宜上、ア行5番目の文字を「オ」、ワ行5番目の文字を「ヲ」に配した（参・本文図14）

表11 対馬卜兆文字

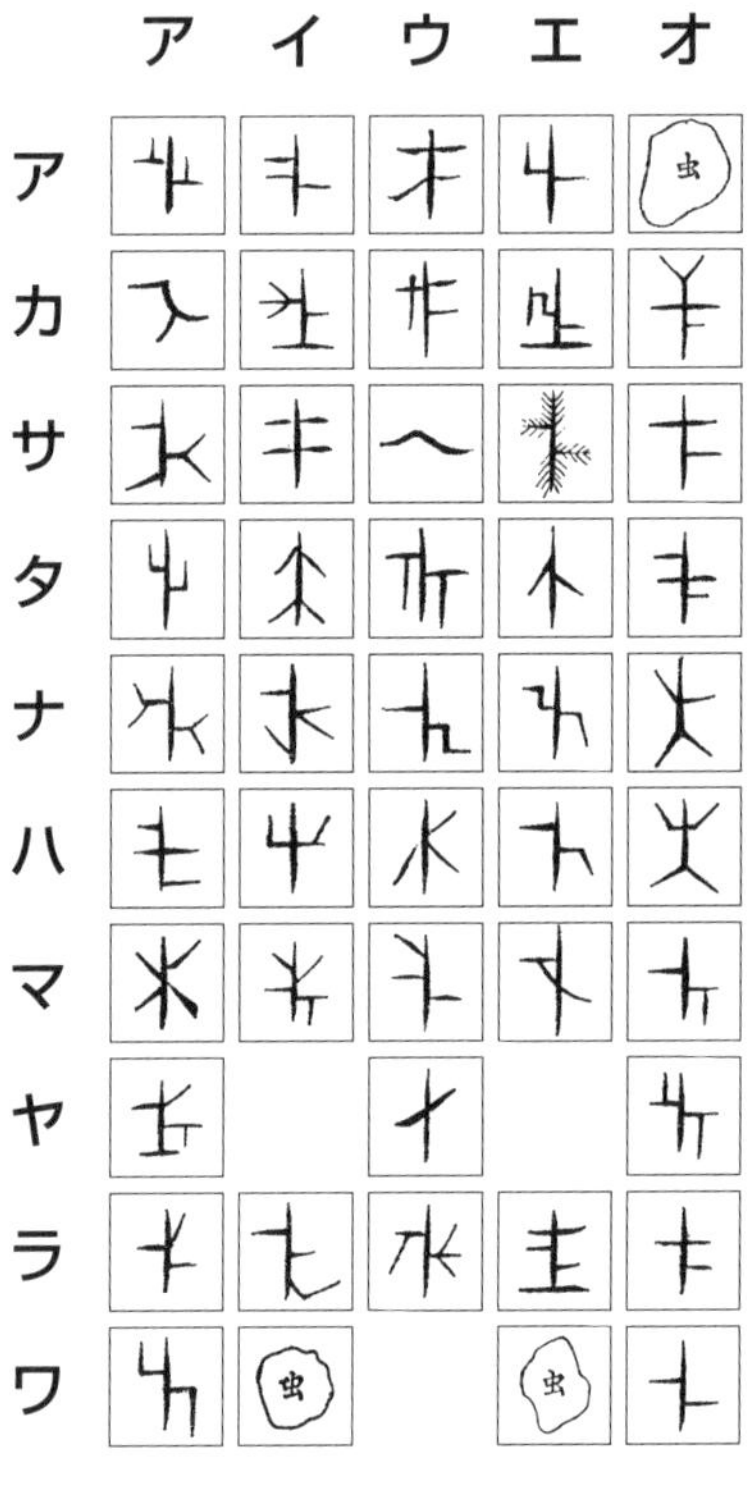

表12 忌部文字

表13 中臣文字

ア　イ　ウ　エ　オ

ア
カ
サ
タ
ナ
ハ
マ
ヤ
ラ
ワ
ン

※便宜上、ア行5番目の文字を「オ」、ワ行5番目の文字を「ヲ」に配した（参・本文図18）

表14 中臣文字別伝1

表15 中臣文字別伝2

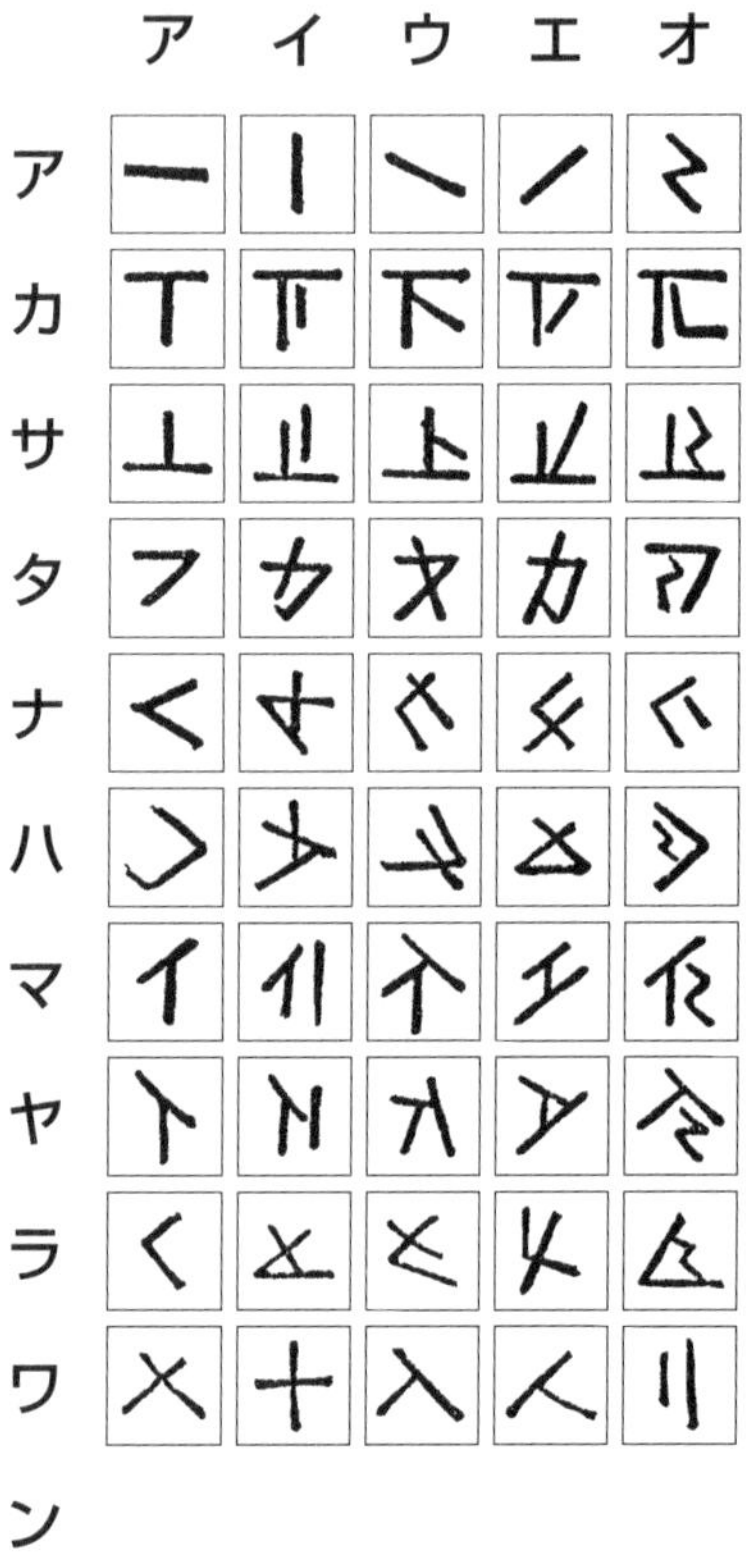

表16 豊国文字(古体象字)

表17 豊国文字（新体象字）

表18 神人神星人像形文字

表19 テントヨ文字

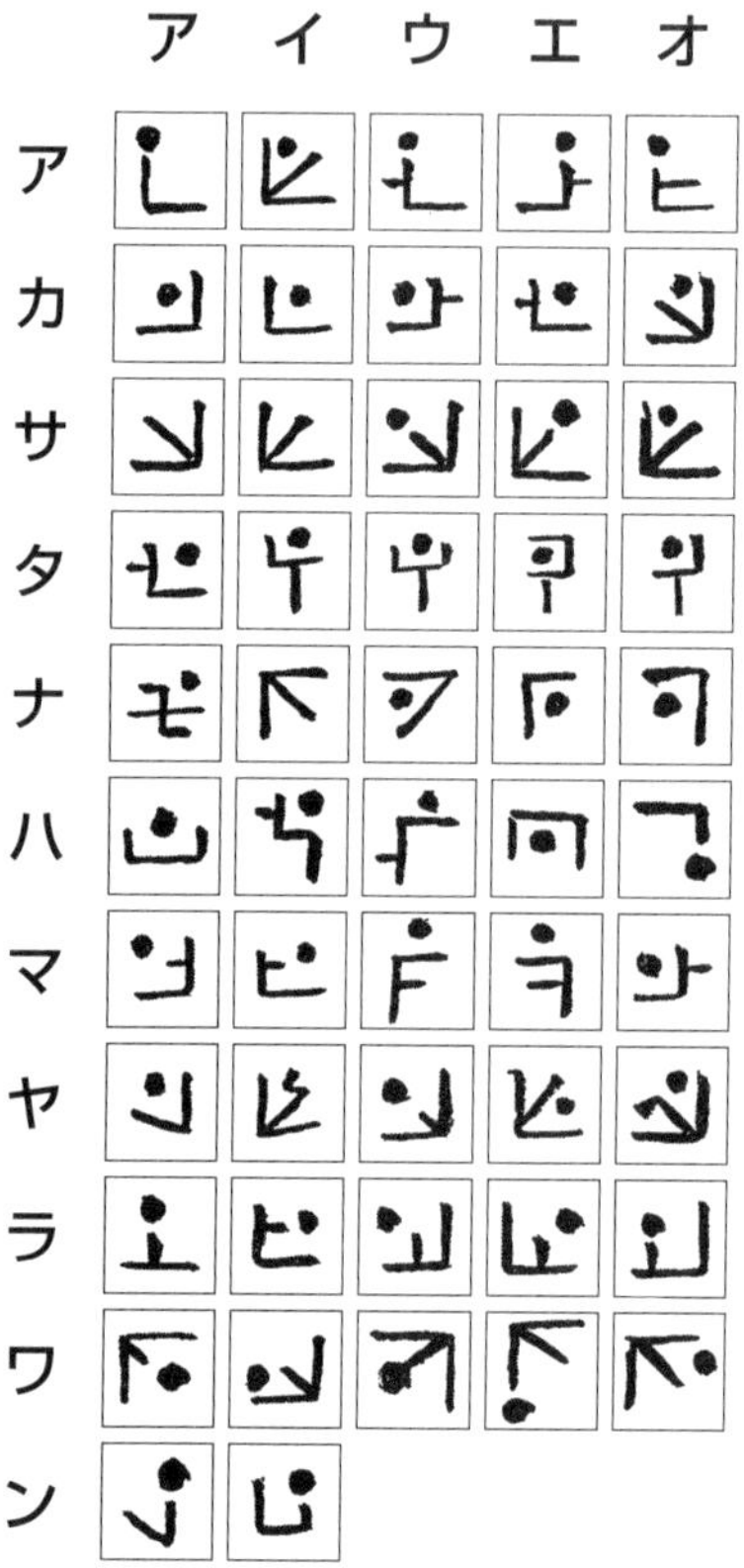

表20 トヨノ文字

表21 クイボク文字

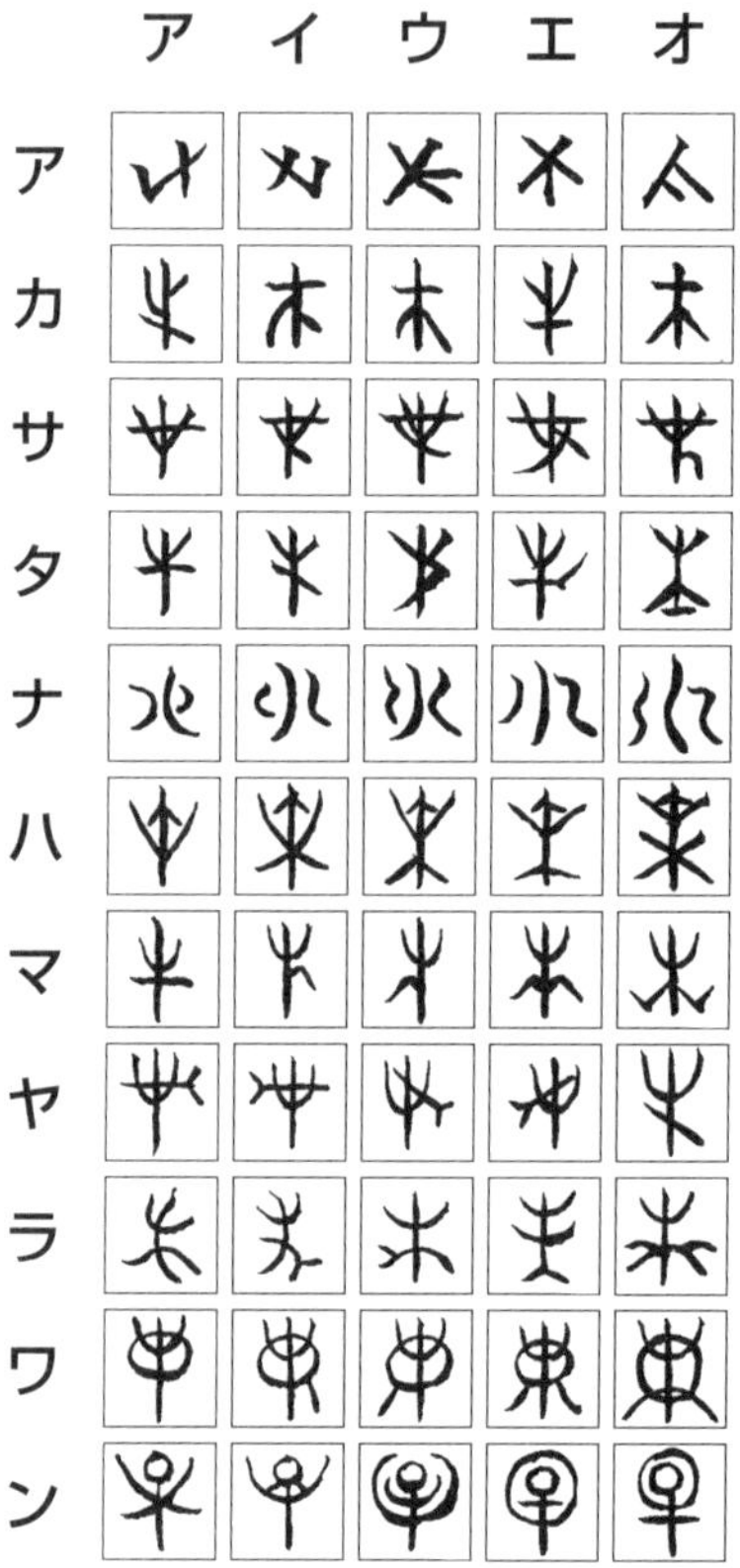

表22 モモノ木文字

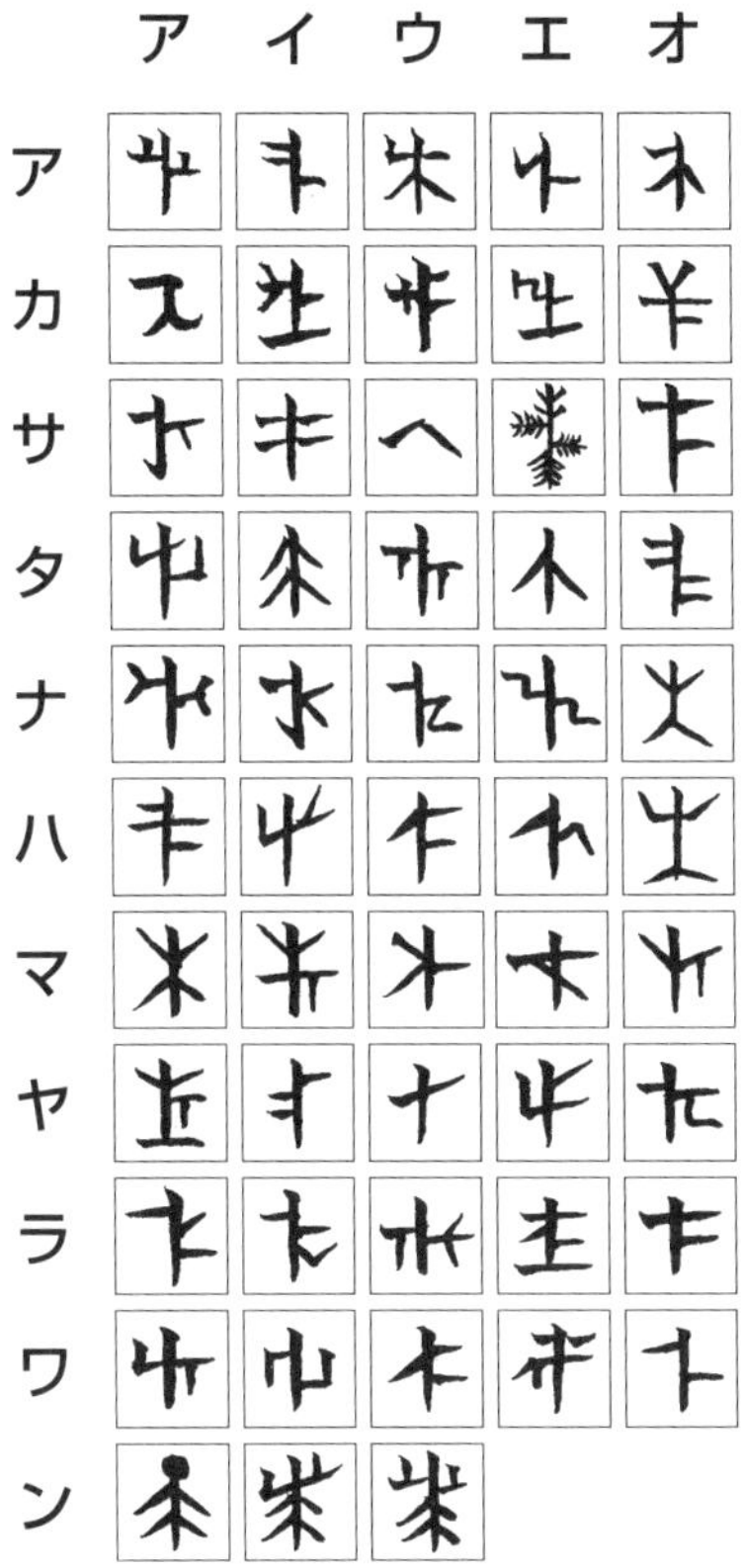

表23 クサビ文字

表24 阿曽部族石置伝法

表25 阿曽部族縄結伝法

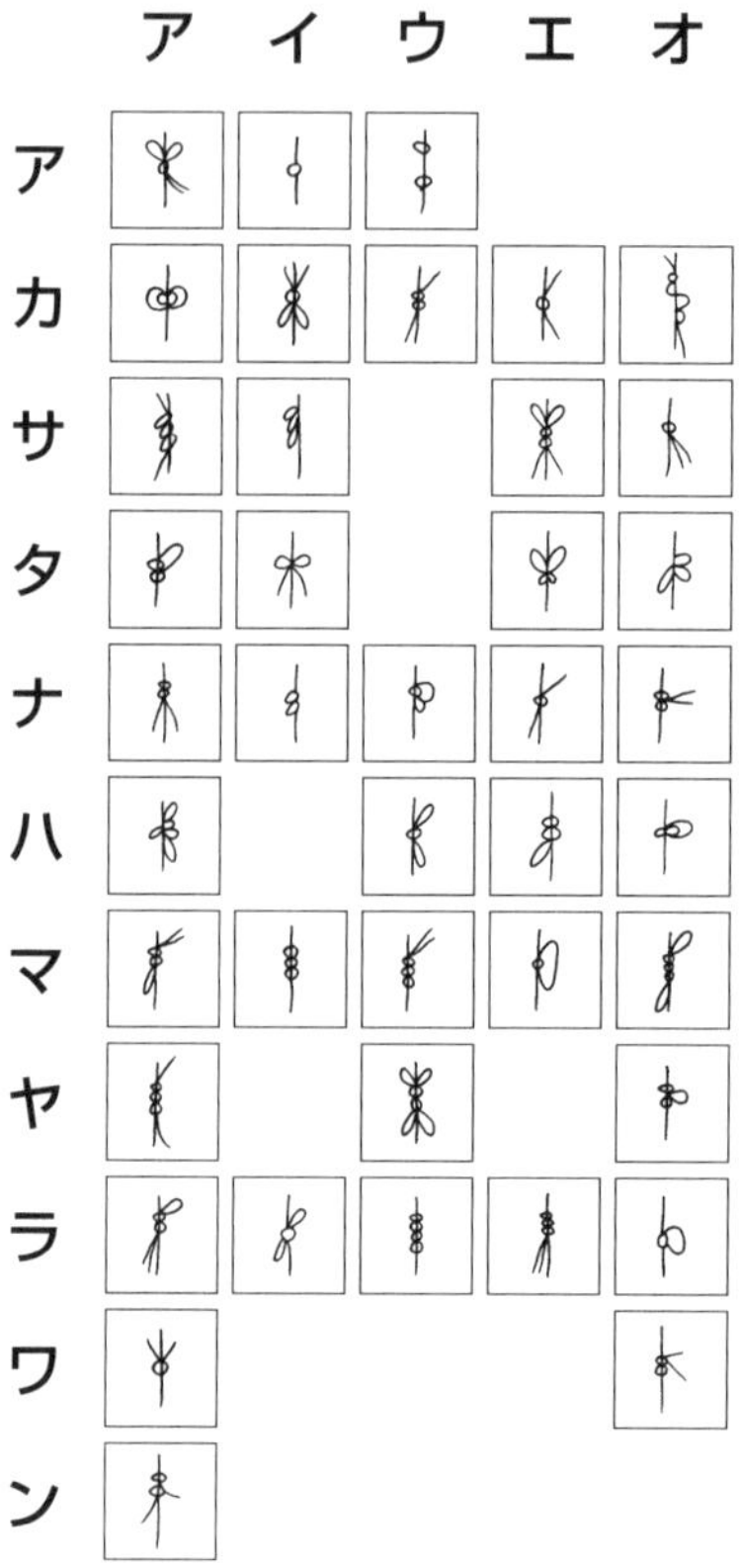

表26 阿曽部族岩刻文字（鳥形文字）

表27 カスガモジ（草体文字）

表28 化美津之文字

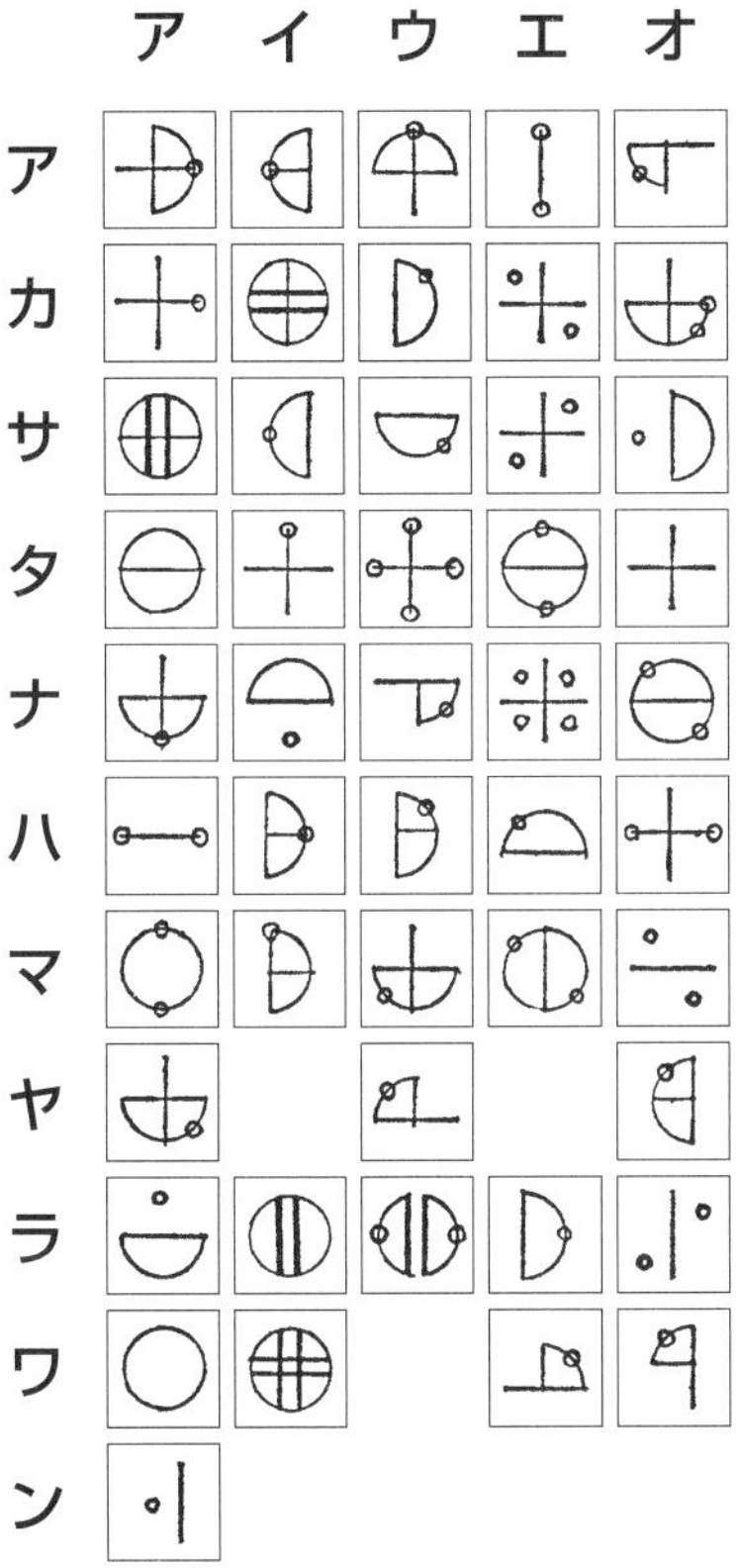

表29 南朝伝神代文字

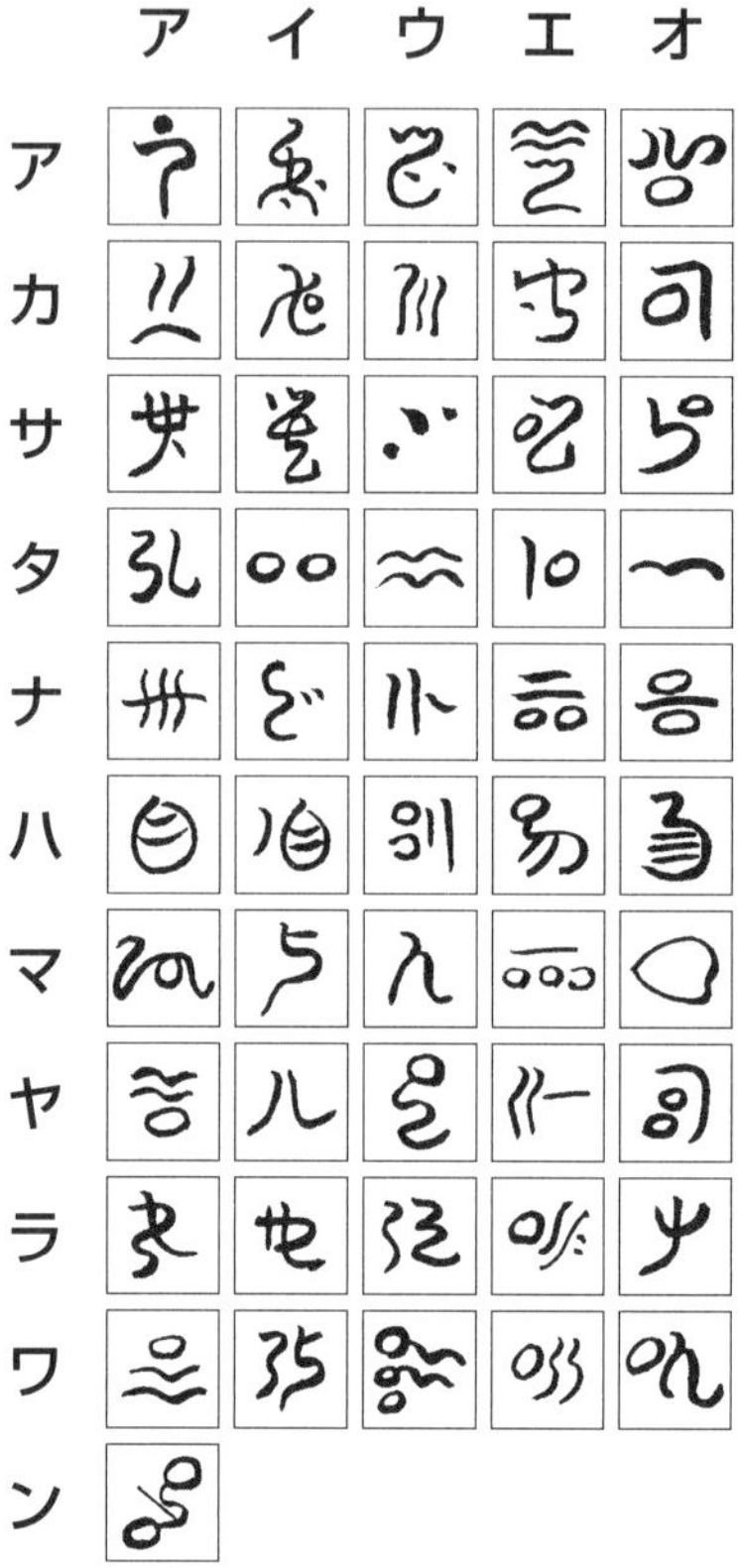

表30 水茎文字

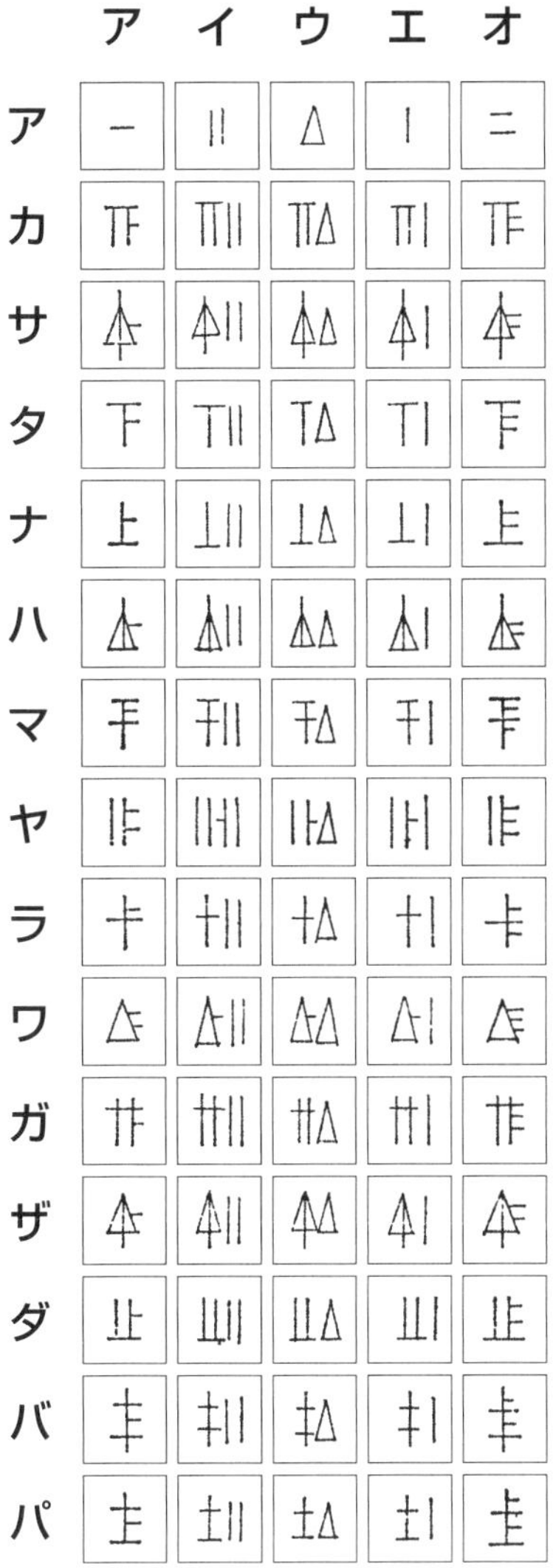
ア イ ウ エ オ
ア
カ
サ
タ
ナ
ハ
マ
ヤ
ラ
ワ
ガ
ザ
ダ
バ
パ

表31 出雲文字

表32 アイヌ文字

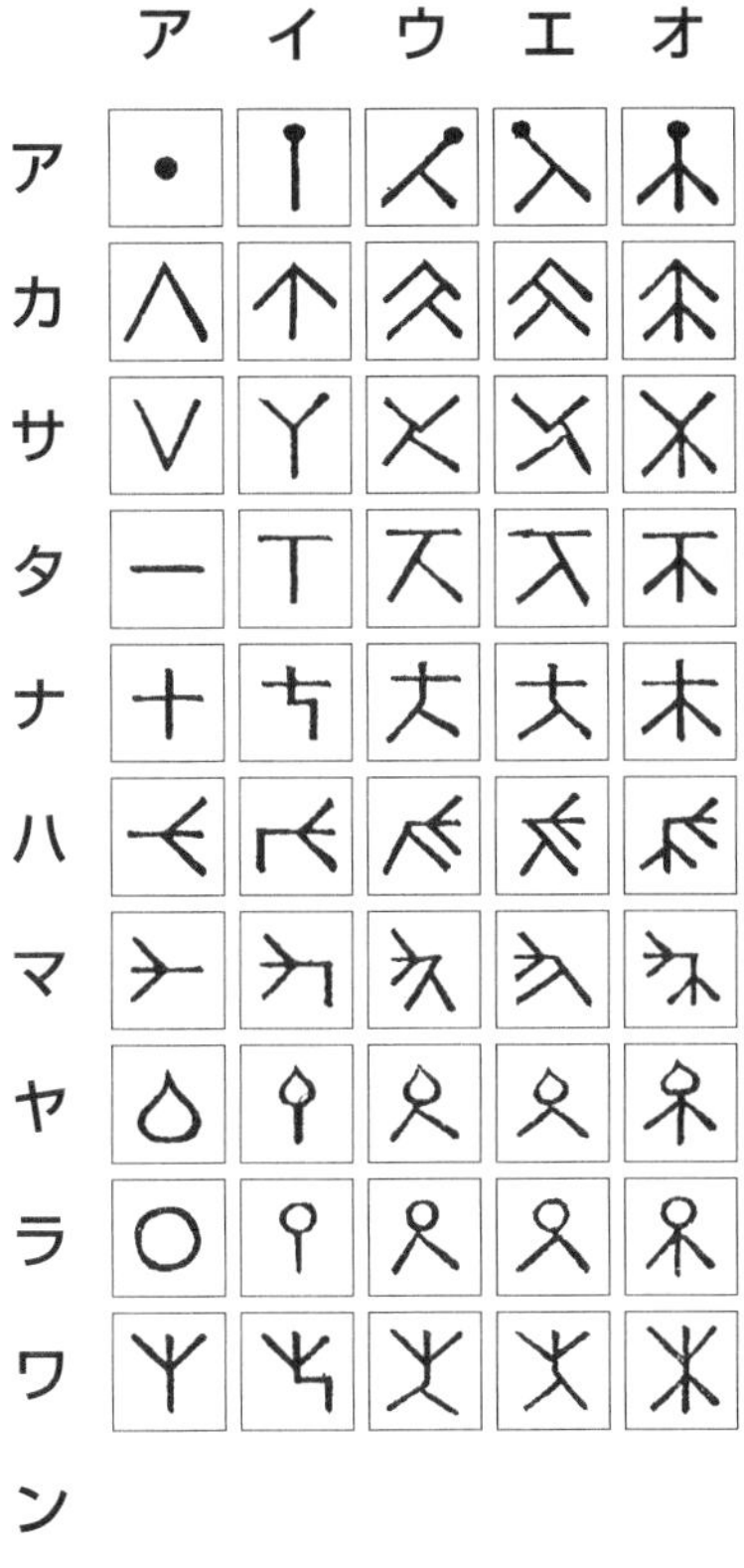

参考文献

吾郷清彦『日本超古代秘史資料』新人物往来社　一九七六
吾郷清彦『超古代神字太占総覧』新人物往来社　一九七九
吾郷清彦『古代近江王朝の全貌』琵琶湖研究会　一九八〇
吾郷清彦『九鬼神伝全書』新国民社　一九八三
吾郷清彦『言霊の道・先覚者略伝集』コトタマフキュウカイ　一九九一
吾郷清彦『日本神代文字研究原典』新人物往来社　一九九六
いずみおきなが『コトダマの世界』社会評論社　一九九一
板津七三郎『埃漢文字同源考』岡書院　一九三三
板津七三郎『埃漢文字同源考重訂及補遺』私家版　一九三五
稲岡耕二『古代日本の文字世界』大修館書店　二〇〇〇
岩間尹『日本古代史』三浦一族会　一九六八
宇野多美恵編『相似象』1～10・相似象学会　一九七〇～八一
近江雅和『記紀解体』彩流社　一九九三
『大石凝真素美全集』大石凝真素美全集刊行会　一九八一
大内義郷校註『神代秘史資料集成』全3巻・八幡書店　一九八四

大野晋『上代仮名遣の研究』岩波書店　一九五三
大羽弘道『銅鐸の謎』光文社　一九七四
大羽弘道『古代日本の絵文字』秋田書店　一九七五
大宮司郎編『幽真界神字集纂』八幡書店　一九九七
沖浦和光『幻の漂泊民サンカ』文藝春秋　二〇〇一
小野隆祥『日本人の起源と沖縄』三一書房　一九七二
鹿島曻『倭と王朝』新国民社　一九七八
片桐洋一『歌枕歌ことば辞典』角川書店　一九八三
上垣外憲一『雨森芳洲』中央公論社　一九八九
加茂喜三『富士の古代文字』富士地方史料調査会　一九九三
川崎真治『日本語のルーツが分かった！』徳間書店　一九八〇
川崎真治『謎の邪馬台いろは歌』徳間書店　一九八〇
川田順造『無文字社会の歴史』岩波書店　一九九〇
川田順造『サバンナミステリー真実を知るのは王か人類学者か』ＮＴＴ出版　一九九九
川村湊『言霊と他界』講談社　一九九〇
北里蘭『日本語の根本的研究』紫苑会　一九三〇
北里蘭『日本語の根本的研究』紫苑会　一九三三
宜野座嗣剛訳『全訳・琉球神道記』東洋図書出版　一九八八
木村鷹太郎『世界的研究に基づける太古日本史』上下巻・八幡書店　一九八三
木村守一『絹と立法体：架空の文字の図典』二〇〇四
木村守一『絹と立方体修訂版：架空の文字の図典再』私家版　二〇〇六

河野六郎『文字論』三省堂　一九九四
小林芳規『角筆のみちびく世界』中央公論社　一九八九
齋藤昌二『日本古代史攷・上巻』誠文堂新光社　一九五二
斉藤忠『装飾古墳・図文から見た日本と大陸文化』日本書籍　一九八三
斎藤光政『偽書「東日流外三郡誌」事件』新人物往来社　二〇〇六
佐治芳彦『謎の神代文字』徳間書店　一九七九
佐藤任他『真言密教と古代金属文化』東方出版　一九九一
佐藤深雪『綾足と秋成と』名古屋大学出版局　一九九三
ジョルジュ・ジャン、矢島文夫監修『文字の歴史』創元社　一九九〇
シュタイン他『近代日本法制史料集・第十八』国学院大学　一九九七
白川静『金文の世界』平凡社　一九七一
白川静『甲骨文の世界』平凡社　一九七二
進藤孝一『秋田「物部文書」伝承』無明舎　一九八四
相馬龍夫『日本古代文字の謎を解く』新人物往来社　一九七四
相馬龍夫『解読日本古代文字』新人物往来社　一九七八
田久保周誉『梵字悉曇』平河出版社　一九八一
田代安定『沖縄結縄考』養徳社　一九四五
田代和生『書き替えられた国書』中央公論社　一九八三
田崎仁義『絵文字及源始文字』磯部甲陽堂　一九二八
高橋良典監修『超図解・縄文日本の宇宙文字』徳間書店　一九九五
高森明勅『歴史から見た日本文明』展転社　一九九六

竹内義宮編『神代の万国史・増補版』皇祖皇太神宮　一九八七
田中勝也『サンカ研究』新泉社　一九八七
玉利勲『装飾古墳紀行』新潮社　一九八四
玉利勲『装飾古墳の謎』大和書房　一九八七
丹代貞太郎・小島末喜『伊勢神宮の古代文字』私家版　一九七七
千葉県日本韓国朝鮮関係史研究会『千葉のなかの朝鮮』明石書店　二〇〇一
礫川全次『サンカと三角寛』平凡社　二〇〇五
東方書店編『中国小文字と殷周文化』東方書店　一九八九
東日流中山史跡保存会編『東日流外三郡誌』全六巻　八幡書店　一九八九～九〇
築島裕『古代日本語発掘』学生社　一九七〇
筒井巧『漂泊の民サンカを追って』現代書館　二〇〇五
東方史学会『「邪馬台国」徹底論争・第3集』新泉社　一九九三
中村徳五郎『日本神代史（神代の新研究）』成光館書店　一九三四
西内雅『渋川春海の研究』錦正社　一九八七
林直道『日本歴史推理紀行』青木書店　一九九一
林房雄『神武天皇実在論』光文社　一九七一
原田実『幻想の超古代史』批評社　一九八九
原田実『日本王権と穆王伝承』批評社　一九九〇
原田実『優曇華花咲く邪馬台国』批評社　一九九四
原田実『幻想の津軽王国』批評社　一九九五
原田実『幻想の古代王朝』批評社　一九九八

原田実『幻想の荒覇吐秘史』批評社　一九九九
原田実『邪馬台国浪漫譚』梓書院　二〇〇四
原田実『古事記・異端の神々』ビイング・ネット・プレス　二〇〇五
原田実『古史古伝・異端の神々』ビイング・ネット・プレス　二〇〇六
原田実他『日本史が危ない！』全貌社　一九九九
原田実編『津軽発「東日流外三郡誌」騒動』批評社　二〇〇〇
原田実『原田実の日本霊能史講義』楽工社　二〇〇六
東アジア恠異学会『亀卜』臨川書店　二〇〇六
東恩納千鶴子『琉球における仮名文字の研究』球陽堂書房　一九七三
久木幸男・小山田和夫編『論集　空海といろは歌』思文閣出版　一九八四
平川南『古代日本　文字の来た道』大修館書店　二〇〇五
平川南他『文字と古代日本』一～五　吉川弘文館　二〇〇四～二〇〇六
平勢隆郎『「史記」二二〇〇年の虚実』講談社　二〇〇〇
平勢隆郎『中国古代の予言書』講談社　二〇〇〇
平勢隆郎『よみがえる文字と呪術の王国』中央公論社　二〇〇一
バリー・フェル、喜多迅鷹・元子訳『紀元前のアメリカ』草思社　一九八一
藤芳義男『神代文字の謎』桃源社　一九七六
松枝到『密語のゆくえ』岩波書店　一九九二
馬渕和夫『五十音図の話』大修館書店　一九九三
三浦一郎『九鬼文書の研究』八幡書店　一九八六
三角寛『サンカ社会の研究』現代書館　二〇〇一

宮崎小八郎『神代の文字』霞ヶ関書房　一九七四
村井紀『文字の抑圧』青弓社　一九八九
矢島文夫『失われた古代文字の謎』大和書房　一九八五
山田久延彦『真説・古事記』（シリーズ全4作）徳間書店　一九七九〜一九八二
山里純一『呪符の文化史』三弥井書店　二〇〇四
吉田兼吉『竹内文献考証』八幡書店　一九八七

『地球ロマン5号　神字学大全』一九七七年五月
『迷宮』一〜三号　一九七九年七月〜一九八〇年七月
『歴史読本臨時増刊　異端の神々と謎の古代文字』一九九一年三月
『別冊歴史読本　古代日本人の大航海と謎の未解読文字』一九九三年四月
『別冊歴史読本　「古史古伝」論争』一九九三年八月
『別冊歴史読本　古神道・神道の謎を解く』一九九三年八月
『別冊歴史読本　古神道の秘術』一九九五年一月
『別冊歴史読本読本　古史古伝の謎』一九九六年八月
『別冊歴史読本　神々のシンボルと謎の超古代史』一九九七年八月
『別冊歴史読本　危険な歴史書「古史古伝」』二〇〇〇年一〇月
『別冊歴史読本　古史古伝と偽書の謎』二〇〇四年三月

網野善彦「日本の文字社会の特質をめぐって」『列島の文化史』五号　一九八八年五月
稲生典太郎「仿製鏡の擬銘鏡と擬文字─新山古墳出土の方格規矩四神鏡をめぐって」『江上波夫古稀記念論集』一九七六年
狩野亨吉「天津教古文書の批判」『思想』一九三六年六月号
小島通世「日本梵語学史の研究」『龍谷大学論集』四〇五号　一九七五年二月
小島通世「近世日本梵語学史の研究」『龍谷大学論集』四一六号　一九八〇年五月
谷川健一・礫川全次「今なぜ〝サンカ〟なのか」『KAWADE道の手帖・サンカ』二〇〇五年六月
永田浩三「ある〝偽書〟の顛末」『GALAK』一〇六号　二〇〇六年三月
西川寿勝「異体字銘鏡と弥生の王」『東アジアの古代文化』一一〇号　二〇〇二年二月
原田実「偽史列伝」『季刊邪馬台国』五四号　一九九四年八月より不定期連載
原田実「日本古代文字学の夜明け?」『と学会誌』七号　一九九九年八月
原田実「熊沢・長浜・大室「ニセ天皇」かく語りき」『新潮45』二〇〇五年一〇月号
松倉咲大「クラードニ図形の宇宙パターン」『UFOと宇宙』一九八二年一二月号
皆神龍太郎「サンカ文化を〝創造〟した三角寛」『歴史民俗学22号〔特集〕サンカの最新学2』二〇〇三年二月
山田孝雄「所謂神代文字の論」『芸林』一九五三年一～三号
「縄文時代石冠に人物画・青森の近野遺跡・全国初、男女と子ども」『中国新聞』二〇〇六年九月一四日朝刊32面
「縄文人家族刻む?青森・三内丸山遺跡そば・石器に3体の人物画」『朝日新聞』二〇〇六年九月一四日広島版朝刊30面
「三内丸山〝縄文の人物画〟はホンモノでしょうか?」『週刊新潮』二〇〇六年九月二八日号
いしいひさいち『コミカル・ミステリー・ツァー　赤禿連盟』東京創元社　一九九二
いと・みつお『沖縄笑百科』南風社　一九九三

ドイル、大久保康雄訳『シャーロック・ホームズの復活』早川書房　一九八一
ニーチェ、氷川英廣訳『ツァラトゥストラはこう言った』下・岩波書店　一九七〇
ランボウ、小林秀雄訳『地獄の季節』岩波書店　一九三八

原田 実
（はらだ・みのる）

1961年、広島市生まれ。龍谷大学文学部卒業、出版社勤務、広島大学研究生、昭和薬科大学助手を経て郷里で執筆活動を続ける。元「市民の古代」研究会代表。と学会会員。
主著『幻想の超古代史』『幻想の津軽王国』『幻想の荒覇吐秘史』『幻想の多元的古代』（以上、批評社）、『怪獣のいる精神史』（風塵社）、『黄金伝説と仏陀伝』（人文書院）、『ヨシノガリＮＯＷ』『邪馬台国浪漫譚』（以上、梓書院）、『古事記 ― 異端の神々』『古史古伝 ― 異端の神々』（以上、ビイング・ネット・プレス）、その他、著書・論考多数。

HP：「原田実の幻想研究室」
http://douji.sakura.ne.jp/

デザイン　山田孝之（海象社）
編集　髙松完子

図説神代文字入門

2008年2月15日　第1刷発行
2021年9月17日　第3刷発行

著　者　原田 実
発行者　野村敏晴
発行所　株式会社 ビイング・ネット・プレス
〒252-0303 神奈川県相模原市南区相模大野8-2-12-202
電話 042-702-9213
印　刷　モリモト印刷株式会社
ISBN 978-4-904117-21-7 C0021　Printed in Japan